Heinrich Smidt

Jan Blaufink oder See und Theater

1. Band

Heinrich Smidt

Jan Blaufink oder See und Theater
1. Band

ISBN/EAN: 9783744681872

Hergestellt in Europa, USA, Kanada, Australien, Japan

Cover: Foto ©ninafisch / pixelio.de

Weitere Bücher finden Sie auf **www.hansebooks.com**

Jan Blaufink,

oder

See und Theater.

———

Erster Band.

Neue belletristische Werke
sehr beliebter deutscher Schriftsteller
aus dem Verlage von **Otto Janke** in Berlin, welche
durch jede Buchhandlung zu beziehen sind:

Alexis, Wilibald, Der Roland von Berlin. 3 Bde.
2. Aufl. Geh. 1 Thlr. 15 Sgr.

— — Ruhe ist die erste Bürgerpflicht, oder: Vor
fünfzig Jahren. Vaterländischer Roman. 2. Aufl.
5 Bde. Geh. 2 Thlr. 15 Sgr.

— — Die Hosen des Herrn von Bredow. Vaterländischer
Roman. Dritte Volks=Ausgabe. 2 Bde. Geh. 1 Thlr.

— — Der Wärwolf. Vaterländischer Roman. (Fortsetzung
von: „Die Hosen des Herrn von Bredow.") Zweite
Volks=Ausgabe. 2 Bde. Geh. 1 Thlr.

— — Der falsche Woldemar. Zweite Volks=Ausgabe.
3 Bde. Geh. 1 Thlr. 15 Sgr.

Douai, Adolf, Land und Leute in der Union. Eleg. geh.
1 Thlr. 15 Sgr.

Goltz, B., Die Bildung und die Gebildeten. 2 Bde.
Geh. 2 Thlr.

Harrer, M., Der arme Tom. Roman. 2 Bände. Geh.
2 Thlr. 7½ Sgr.

Hesekiel, George, Aus drei Kaiserzeiten. Historischer
Roman in 3 Abtheilungen.
Erste Abth. Bei Kaiser Karl's Leben. 2 Bde. 3 Thlr.
Zweite Abth: Unter Maria Theresia. 2 Bde. 3 Thlr.
Dritte Abth: Zu Kaiser Joseph's Tagen. 2 Bde.
Geh. 3 Thlr.

— — Stille vor dem Sturm. (Fortsetzung der Romane:
„Vor Jena." — „Von Jena nach Königsberg." — „Bis
nach Hohen=Zieritz.") 3 Bde. Geh. 4 Thlr.

— — Schlichte Geschichten. Erzählungen. 2 Bde. Geh.
2 Thlr. 15 Sgr.

— — Unter dem Eisenzahn. Brandenburgischer Roman in
drei Büchern. 3 Bde. Geh. 4 Thlr.

Kurz, Hermann, Der Sonnenwirth. Schwäbische Volks=
geschichte aus dem vorigen Jahrhundert. 3 Bde. 2 Aufl.
Geh. 1 Thlr. 15 Sgr.

Maron, Dr, H., Japan und China. Reiseskizzen, entworfen
während der Preuß. Exped. nach Ost=Asien. 2 Bde. Geh.
2 Thlr. 7½ Sgr.

Jan Blaufink,

oder

See und Theater.

Eine hamburgische Erzählung

von

Heinrich Smidt.

Mit einer Vorgeschichte:

Die Comödie des Pfarrers.

Erster Band.

Berlin, 1864.

Verlag von Otto Janke.

Die Comödie des Pfarrers.

Als Vorgeschichte.

Die Comödie des Pfarrers.

Es hat zu allen Zeiten in der guten Stadt Hamburg Straßenjungen gegeben, die ehrsamer Bürgerschaft zum Verdrieß gereichten, allein niemals, weder vorher oder nachher, war es ärger damit bestellt, als in der letzten Hälfte des siebzehnten Jahrhunderts. Die Winkeljungen, wie man sie nannte, weil sie in allen Ecken und Winkeln hauseten, trieben es arg in jenen Zeiten. Von Geschlecht zu Geschlecht erbten ihre Unarten fort und steigerten sich bis in das Unglaubliche, weshalb Ein Hochedler Rath sich darüber in hellem Zorn erging und viele scharfe Mandate erließ, um dem Unfug zu steuern und die Uebelthäter zu bestrafen. Allein nichts vermochten die Väter der Stadt gegen die wilde Meute, die sich unversehends in Masse zusammen fand und eben so unversehends wieder verschwand.

1 *

Mehrere Schlupfwinkel gab es, die sich zu diesem Ende darboten. Da waren die dunklen Gänge
des Sanct Marien = Magdalenen = Klosters, oder die
schmale Twiete auf dem Plan, die um das Johan-
neum herum führte. Am gelegensten aber kam ihnen
die Fußpassage zu statten, die durch das Englische
Haus in der alten Gröningerstraße nach dem Sanct
Katharinen = Kirchhofe führte. Alle diese Schlupfwinkel
sind in der neuern Zeit verschwunden und die Winkeljungen mit ihnen.

Mancherlei waren die Waffen, womit „die jungen Ritter der Straße" gegen die ehrsame Bürgerschaft zu Felde zogen. Da hatten sie lange, hölzerne
Röhren, Pustrohr genannt, mittelst welcher sie hart-
gedrehte Lehmkugeln auf die Nasen der Vorübergehenden abschossen. Oder sie warfen ihre Kreisel so schlau
auf das Pflaster, daß die Frauen und Mägde laut
schreiend zurückwichen, wenn ihnen ein sogenannter
Brummkreisel zwischen die Beine fuhr; nicht zu gedenken der rasselnden Tonnenbänder, die mit Blech-
stücken, dem sogenannten Klöterkram, beschlagen, drei
bis vier in einer Reihe dahin rasend, einen Höllenlärmen machten. Daneben erschallten die sogenannten
Schnurrdinger, wie man die Knarren der Nachtwächter

nannte, und als die ersten Straßenlaternen aufkamen, war keine Glasscheibe derselben vor den Steinen der werflustigen Jugend sicher. Ein Edler Rath war daher im guten Rechte, wenn er sich ereiferte und strenge „die Vergadderungen" verbat, welche von den losen Knaben und Dienstjungen „zur Verunglimpfung fremder Nationen" ausgeführt wurden, die mit Hohngeschrei hinter allen Fremden herliefen und sie mit Steinen oder Schneebällen bombardirten.

Am ärgsten aber wurde es, als von fremden Seefahrern die in Hamburg bisher unbekannten Raketen und Schwärmer eingeführt wurden und die Hamburger Knaben die Vorzüge derselben kennen lernten. Sie warfen die funkensprühenden Ungeheuer in die dichtesten Haufen und erhoben einen ohrenzerreißenden Gesang, wenn die Erschreckten, absonderlich die Dirnen, mit ängstlichem Kreischen auseinander fuhren, wie eine Schaar von Tauben, auf welche der Habicht jählings herabfährt.

In einen Schrecken aber, woran man hätte Todes verfahren mögen, wurde die Christliche Gemeinde versetzt, wenn es eine „Abendbleiche" gab. Wollten die Alt=Hamburger ihre Todten recht ehren, wurden solche gegen Abend in die Kirche getragen und eingesegnet.

Wenn dann die Andächtigen in tiefer Trauer umher-
saßen und die Kerzen ein ungewisses, zitterndes Licht
verbreiteten; wenn die Orgel erklang und das Sterbe-
lied gesungen wurde; wenn der Pastor erschien, um
zu trösten und zu segnen, dann entstand plötzlich ein
dumpfes Geheul in den dunkel gebliebenen Theilen der
Kirche, von dem Chor herunter und hinter den Ge-
stühlten, worüber sich Alle entsetzten und die Kirchen-
diener eine Jagd anstellten, die stets nutzlos ausfiel,
denn die kleinen Taugenichtse entkamen ihnen unter
den Händen.

Zu den Tummelplätzen, wo diese Schaaren ihr
Wesen am liebsten trieben, gehörte auch die altstädter
Fuhlentwiete, eine sehr krumme und in jenen Tagen
holperige, halbwüste Straße. Ungefähr in der Mitte
derselben lag das Gasthaus „zum Bremer Schlüssel“
und diesem gegenüber befand sich das holländische Oxhoft.“ Auf dem Hofe dieses weitläuftigen Gebäudes, worin
sich eine besuchte Schenke befand, war eine große Bude
aufgebaut, welche den umherziehenden Prinzipalen zum
Schauplatz ihrer theateralischen Wunder diente. Die
Wirthin, im Aeußeren dem Wappen ihres Hauses,
dem holländischen Oxhoft, nicht ganz unähnlich, wußte
mit solchem Volke prächtig umzugehen. Sie hielt unter

Umständen Kost und Wohnung für dasselbe bereit und beaufsichtigte das Kassenwesen mit einer Consequenz, die einer bedeutungsvolleren Sache würdig gewesen wäre.

Der Zettel, welcher an den Thorweg geklebt war, verkündete, daß selbigen Abends eine unvergleichliche, ganzneue, wohl sehenswürdige Haupt = und Staats= Action, betitelt: „Die um den Jungfernkranz selbst streitende Prinzessin", gegeben werden solle, wozu ein hochzuverehrendes Publikum ganz unterthänigst einge= laden werde. Darüber standen die Verse:

„Hier in der Fuhlentwiet' dem Bremer Schlüssel über,
Da giebt man sechszehn, acht, vier Schilling und nichts drüber.
Es wird präcis fünf Uhr bei uns gefangen an,
Dies ist allzeit gewiß und hiermit kund gethan."

Diesem Hause schritt ein Mann zu, der mehr als gewöhnliche Eile zeigte. Trotz des sommerlichen Wet= ters war er in einen Mantel gehüllt und hatte den breit= krämpigen Hut tief in die Stirn gedrückt; ein Zeichen, daß er nicht gern erkannt sein wollte. Aber was bleibt einem Hamburger Winkeljungen verborgen, der seine Finger in Alles stecken muß, und am liebsten zwischen etwas Verwirrtes und Verworrenes, um es noch ver= wirrter und verworrener zu machen. Bereits lagen sie hinter den Kellerhälsen und Beischlägen auf der

Lauer. Der Mantelträger, von der Wärme über=
mannt und in der Meinung, seinen täglichen Ver=
folgern glücklich entkommen zu sein, ließ den Zipfel
des Mantels fallen und lüftete den Hut, um sich den
Schweiß von der Stirn zu trocknen. Aber kaum war
es geschehen, als die wilde Meute von allen Seiten
heranstürmte. Sie umringte ihn und schrie mit stei=
gender Lust:

„Bajazzo! Bajazzo! Du bist unser Gefangener!"

„Wollt Ihr aus dem Wege, Ihr Teufelsbraten!"
schalt der Mann, welcher sich der Buben, die sich an
ihn hängten, zu erwehren suchte. Es war Stranitzki,
der erste und zugleich zweite Komiker der Pandsenschen
Truppe, die um diese Zeit in dem holländischen Or=
hoft das Regiment führte.

Lautes Gelächter schallte ihm entgegen, welches
mit dem allgemeinen Rufe endete:

„Bajazzo! Bajazzo! Du bist gefangen und mußt
Dich lösen."

Stranitzki, welcher sah, daß hier nichts mit Ge=
walt auszurichten war und dem die Blicke der Vor=
übergehenden lästig wurden, fragte:

„Womit muß ich mich lösen?"

„Bajazzo soll auf dem Kopf stehen!" rief eine

Stimme und alsbald wiederholte es das ganze Chor mit lautem Gebrüll.

„Nun, so gebt Acht, Ihr Canaillen!" sagte Stranitzki, indem er den Mantel zusammenrollte und auf die Erde warf. In einen Moment machte er einen Luftsprung, stand mit dem Kopfe auf dem Mantel, schlug die in der Luft schwebenden Füße, wie im Takt zusammen, und stand in dem nächsten Augenblick wieder kerzengerade da, den Mantel über dem Arm. Die Jungen wollten eben losbrechen und die Wiederholung einer Scene verlangen, die ihnen zu schnell vorüber gegangen war, aber kam ihnen zuvor, indem er schrie:

„Eine Taube! Eine Taube!"

„Wo? Wo?" fragten die Buben und warfen die Augen umher.

„Da! Dort!" antwortete Stranitzki, mit den Händen nach zwei verschiedenen Richtungen deutend. Die allgemeine Verwirrung benutzend, durchbrach er den Kreis und verschwand in dem Thorweg des holländischen Oxhoftes.

Hier befanden sich in einem nahe bei der Bühne belegenen Zimmer zwei Männer, welche im Begriff waren, eine längere Zeit geführte Unterhaltung zu beenden. Der Eine war ein dürrer, langaufgeschossener

Mann, mit einer spitzen Nase und kleinen grauen
Augen. Sein Name war Pandsen und sein Geschäft
bestand darin, den Thespiskarren zu lenken, so gut es
in der holperigen Fuhlentwiete gehen wollte.

Der Zweite, mit einem langen schwarzen Rock be=
kleidet, und mit einem ernsten, bleichen Gesicht, schien
an diesem Ort nicht besonders heimisch zu sein. Er
sah sich ab und zu um, ob auch Niemand Zeuge der
Unterhaltung sei und sagte aufbrechend:

„So sind wir nun am Ende und es soll mich
freuen, wenn ich durch diese Arbeit etwas zur Ver=
edlung der Kunst beigetragen habe.“

Pandsen deutete auf die Handschrift, die auf dem
Tische lag, und sagte:

„Das Werk, welches Ehrwürden . . . .“

Der Mann im schwarzen Rocke sah den Prinzipal
ernst an. Dieser unterbrach sich und fuhr fort:

„Das Werk, welches der Herr geschrieben und
welches der Herr mir anvertraut hat, damit ich es
aufführen lasse, wird dem Herrn viele Ehre bringen.
Der Herr kann sich dazu verlassen, daß wir es mit
allem Fleiße einüben werden. „Die männerfeindliche
Fürstin, die doch gedemüthigt wird,“ haben der Herr

das Stück benannt, welches . . . woher kommt es doch, wenn es dem Herrn beliebt?"

„Es ist dem Spanischen entnommen!" entgegnete der ernste Mann, „in welcher Sprache noch viele Schätze verborgen sind. Es ist eigentlich nicht meines Amtes, ein Feld, wie dieses zu beackern, dieweil mir ein anderer Wirkungskreis angewiesen ist. Allein ich thue es, indem ich verhoffe, dadurch dem blöden Possen- spiel und Zotenkram den Todesstoß zu versetzen."

„Das ist ein löbliches Vornehmen, von dem Ge- sichtspunkte aus, wie es ein Herr, wie der Herr zu sein das Glück hat, betrachtet. Uns armen Prinzipalen aber würde die Schwindsucht nicht aus dem Geld- beutel weichen, wenn wir der Jactancia für alle Zeit entsagen wollten. Was nun dies köstliche Opus betrifft, so soll es mit allem Fleiß dargestellt werden. Für den Prinzen habe ich einen prächtigen Burschen. Er ist blutjung und heißt eigentlich Eberhard Lohse. Weil er aber ein überaus schöner Mann ist und eben so schwarze Augen, als schwarze Haare hat, nennen wir ihn Dunkelschön. Für den Bedienten, den der Herr Perinus zu nennen beliebt hat, giebt es keinen besseren Darsteller, als unsern Stranitzki, ein Courti- san, der eine Versammlung von Melancholikern in

einer halben Stunde zum Lachen zwingt. Auch mit
der Prinzessin dürfte es erträglich gehen und nur mit
der kecken Zofe wird es einige Schwierigkeiten haben,
indem selbiger ein kaum zu bezwingender Part zu=
gemuthet ist."

Das Gespräch wurde hier durch ein lautes Ge=
lächter unterbrochen, welches von der Seite her er=
klang, wo die Bühne lag. Der Prinzipal schloß die
dahin führende Thür und sagte:

„Mein Volk versammelt sich zur Probe und der
Stranitzki wird seine Späße mit den albernen Gänsen,
den Dirnen haben, was ihm strenge verboten ist. Euer
… ich wollte sagen, der Herr nimmt es wohl nicht
ungütig …."

„So will ich denn gehen," sagte der Mann mit
dem ernsten Gesicht. „Ich habe mich überdies länger
aufgehalten, als ich sollte, und man wird mich daheim
mit Ungeduld erwarten. Nehmt es zu Herzen, was ich
Euch sagte. Es wird der Kunst und somit uns Allen
zu Gute kommen."

Mit diesen Worten entfernte er sich, die Beglei=
tung ablehnend. Der Theaterprinzipal sah ihm achsel=
zuckend nach und sagte:

„Was so ein Pastor sich denkt! Moral und Phi=

losophie und wie die schönen Redensarten alle heißen,
auf dem Theater zur Schau stellen. Seine Wohlehr-
würden, der Herr Johannes Koch, mag ein sehr ge-
lahrter Herr sein, aber von dem Heidibeldei und Hei-
dibeldum, welches unser Publikum zu sehen begehrt,
versteht er nichts. Geben will ich die männerfeindliche
Fürstin, aber der Stranitzki soll mir in die Bedienten-
rolle noch ein Paar tüchtige Lazzi einlegen und wenn
ich ihn verleiten kann, daß er vor der Prinzessin einen
Purzelbaum schlägt, wälzen sie sich auf dem Vierschillings-
platz vor Lachen. Nun wollen wir aber sehen, was
es auf dem Theater giebt. Das Volk scheint dort
Alles auf den Kopf zu stellen."

Er ging der Thür zu, die nach dem Theater
führte, und betrat dasselbe.

Hier herrschte das Chaos. Von Allem, was zu
einer ordentlichen Probe gehört, war nicht das Geringste zu sehen und die ganze Gesellschaft tobte in
wilder Ausgelassenheit durcheinander. Stranitzki hatte
sich einer Geige bemächtigt und spielte einen wilden
Tanz, der die ganze Gesellschaft unwillkührlich in den
bacchantischen Wirbel hineinzog. Der Prinzipal suchte
umsonst, sich Gehör zu verschaffen und gerieth in
augenscheinliche Gefahr, selbst in den Kreis der wilden

Tänzer gerissen zu werden, als er von Jemandem bei der Hand ergriffen und zur Seite gezogen wurde.

„Was wollt Ihr, Dunkelschön?" fragte der Prinzipal und blickte erstaunt auf den jungen Mann, noch mehr aber auf eine gefüllte Weinflasche, die dieser unter dem Arm trug. Er folgte dem erhaltenen Wink und Beide kehrten in die Stube des Prinzipals zurück. Dunkelschön holte Gläser herbei und indem er mit dem Prinzipal anstieß, sagte er:

„Die Wirthin zum holländischen Oxhoft ist nicht so unbarmherzig, als sie verschrieen wird, und läßt sich einen Gang nach dem Keller nicht verdrießen, auch wenn der Durstende gerade keinen Schilling in der Tasche hat."

„Wie kommt Ihr dazu, so spendabel zu sein?" fragte der Prinzipal, indem er das leere Glas niedersetzte, welches neu gefüllt wurde, und erhielt zur Antwort:

„Weil ich etwas von Euch haben will und weil ich weiß, daß Ihr um den Finger zu wickeln seid, wenn Ihr ein Glas über den Durst gethan habt."

„Ihr könntet Euch verrechnet haben!" entgegnete Pandsen, und machte Miene das Glas zurückzuschieben. „Ich spiele die Thrannen, wie Ihr wißt."

„Aber die zärtlichen Väter gelingen Euch weit besser," schmeichelte Dunkelschön. „Ganz Hamburg weint, wenn es Euch als Valér im bekümmerten Vater sieht. Zudem gebietet es die Nothwendigkeit, mir meinen Wunsch zu erfüllen und Ihr kommt nicht davon los. Gehorchen müßt Ihr und Ihr sollt gehorchen!"

Die letzten Worte sprach er mit dem strengen Tone eines Gebieters. Pandsen fuhr zurück:

„Schreit mich nur nicht so an! Woher habt Ihr denn das martialische Wesen?"

„Das macht das Soldatenblut, das in meinen Adern rollt!" lachte Dunkelschön. „Mein Vater war ein Brandenburgischer Küraßreiter und meine Mutter eine lustige Marketenderin. Als ich in einer einsamen Köhlerhütte geboren wurde, rasete eine halbe Stunde entfernt davon die Schlacht. Hatte selbst Lust, das Handwerk meines Vaters fortzusetzen und habe eine Zeitlang die Muskete getragen. Allein die schönen Augen einer Luftspringerin hatten es mir angethan. Die Muskete flog in den Winkel und ich stand neben meiner Schönen auf dem Seil, ich wußte nicht wie. Nachher ging sie mit einem nichtsnutzigen Taschenspie-

ler davon und nahm meine sämmtlichen Habseligkeiten
mit sich."

Dunkelschön schwatzte noch Manches durcheinander
von seinen Abentheuern, die er bestanden, bevor er sich
hier im holländischen Oxhoft häuslich niederließ. Pund=
sen hatte unterdessen den Rest der Flasche geleert und
sagte leutselig:

„Schließt mir Euer Herz auf und vertraut Euch
mir an. Was ein Vater für seine Kinder thun kann,
daß thue ich für meine Leute, ohne mir zu nahe zu
treten. Was kann ich Euch zu Gefallen thun, mein
schöner Bursch?"

„Etwas, daß Euch am meisten frommt! Ich
bringe Euch ein junges Mädchen voll Feuer und Leben,
die vor Begierde brennt, auf das Theater zu kommen
und die für die schlauen Zofen wie geschaffen ist."

„Herein mit ihr!" rief der Direktor in Extase.
„Ich will sie mit offenen Armen empfangen. Jetzt
ist das Lustspiel des Pastors gesichert. Wo habt Ihr
sie, Dunkelschön, und wie heißt sie?"

„Ihren rechten Namen sage ich Euch nicht! Ihr
müßt Euch schon mit dem zärtlichen Beinamen be=
gnügen, den ich ihr gegeben habe. Maienblüthe rufe

ich sie und sie ist in der That frisch und lieblich wie eine solche."

„Dunkelschön und Maienblüthe!" sprach der Direktor. „Es klingt gut zusammen. Wo ist sie aber?"

„Nur Geduld! Meine Schöne ist die Muhme eines ehrsamen Bürgers allhier. Wir kennen uns schon längere Zeit und ich dachte, mich in das Haus des Oheims einzuschleichen und in die wackere Kundschaft zu setzen, was unstreitig eine dankbarere Rolle wäre, als die beste, die Ihr mir jemals zutheilen könnt."

„Eine Bürgerstochter!" rief Pandsen zurückfahrend. „Comödiante! Comödiante! Nehmt Euch in Acht. Ueber solche Steine ist schon Mancher gestolpert und hat sich ein Loch in den Kopf geschlagen."

„Darum muß ein entscheidender Schritt geschehen, den man nicht zurückthun kann!" entschied Dunkelschön. „Ich werde die Dirne entführen und hier bei Euch halten wir sie verborgen, bis wir einen gutmüthigen Priester finden, der uns zusammen giebt."

Pandsen wehrte den jungen Mann mit beiden Händen von sich ab und sagte:

„Das glaubt Ihr durchzusetzen? Ihr vermeint, einen Priester dieser Stadt...?"

„Wenn auch nicht aus der Stadt, so doch von irgend einem Dorfe. Vater Pandsen, der Wein umnebelt Eure Sinne, sonst müßtet Ihr klar sehen. Dort steht ein Pastor, der Comödien schreibt und sie spielen lassen will, ohne daß das Volk den Verfasser erräth. Und hier stehen Schauspieler, die das Geheimniß verrathen können, wenn nicht der Pastor willfährig genug ist, an das Sprichwort zu denken: Eine Liebe ist der andern werth. Nun, wie ist Euch, zärtlichster aller Väter und galantester aller Direktoren?"

„Butterweich!" rief dieser. „Sohn Dunkelschön, komme an mein Herz! Du sollst Deine Geliebte haben und mein Beistand wird Dir nicht entstehen. Sie komme und halte ihren Einzug in das holländische Oxhoft. Unsere Wirthin soll Mutterstelle bei ihr vertreten und das lose Gesindel auf dem Theater, welches der Stranitzki immer verrückter macht, soll ihr nicht zu nahe kommen! — Hört, wie sie kreischen! Dunkelschön! Geht hin und sagt ihnen, ich triebe sie mit der Karbatsche auseinander, wenn sie nicht gutwillig gingen! — Wo ist die Maienblüthe? —"

Prinzipal Pandsen, der den strengen Direktor und den zärtlichen Vater auf eine bewundernswerthe Weise in sich vereinigte, erhob sich langsam und nicht

ohne Schwierigkeit. Der starke Wein hatte seine Wirkung nicht verfehlt. Dunkelschön eilte fort, seine Maienblüthe aufzusuchen. Die Probe kam nicht zu Stande
und das nach drei Stunden sich versammelnde Publikum mußte sich entschließen, mit einer extemporirten
Comödie vorlieb zu nehmen, worin Alles vorkam, nur
nicht die auf dem Anschlagzettel prangende, „um den
Jungfernkranz selbst streitende Prinzessin."

In dem Hause des Groß-Böttchermeisters Lorenz
Ramke auf dem Ródingsmarkte ging es lebhaft zu.
Ein Mann dieses Handwerkes hat stets vollauf zu
thun, zumal in Hamburg und zu einer Zeit, wo das
Brauwesen eine solche Ausdehnung erhalten hatte. In
der Werkstatt selbst saß ein Gesell neben dem andern.
Tonne auf Tonne wurde zusammengestellt und das
fertige Gut auf der großen Hausdiele über einander
geschichtet, bis es an den Ort seiner Bestimmung ab-
ging. Ein tüchtiger Altgeselle führte die Aufsicht,
denn Meister Lorenz Ramke war kränklich und konnte
nur selten in das Treiben des Tages thätig eingreifen.
Ein Gichtanfall hielt ihn im Lehnstuhl fest und er
schalt weidlich mit seiner Nichte Christine, die dem
verwitweten kinderlosen alten Herrn die Wirthschaft
führte. Geduldig, ohne ein Wort zu entgegnen, hörte

2 *

sie das Poltern des Kranken an, wich behende der Mütze
aus, welche er im Zorn nach ihr warf und entfernte
sich, um, wie sie dem Oheim zurief, in der Küche nach-
zusehen, damit die Mägde nicht in ihrer Abwesenheit
das Unterste zu oberst kehrten.

Christine war das Kind eines jüngern Vetters,
dem es in der Vaterstadt nicht glücken wollte und der
deshalb in die weite Welt ging, wo er verstorben und
verdorben sein mochte, denn man hörte niemals etwas
von ihm. Christinen's Mutter starb darüber aus
Gram und die verlassene Waise blieb bei dem Oheim,
der sie hielt, wie sein Eigen, außer wenn die Gicht
über ihn kam, und er seinen Grimm an der Aermsten
ausließ, um den Schmerz zu betäuben, der wie Feuer
brannte.

„Das kleine Ding ist gut," stöhnte der alte
Mann vor sich hin, „und sie kann nicht für Das einstehen, was ihr Vater verschuldete. Es soll ihr auch
Nichts abgehen bei mir. Allein merken darf sie es
nicht, und strenge muß sie gehalten werden, damit sie
nicht über die Stränge schlägt .. Au! Au! Heute ist es
ärger als jemals und zwickt mich mit glühenden Zan-
gen! Ich muß Etwas haben, woran ich meinen Schmerz
und meine Wuth auslasse. Christine! Christine!"

Statt der Gerufenen erschien die Witwe Straußin. Sie besaß auf dem Brauerknechts-Graben ein großes Brauerbe als Eigenthum und war die resolute Schwester des verzagten Böttchermeisters. Im Hereinrauschen warf sie ein Paar Stühle um, daß es dem Kranken durch Mark und Bein fuhr, stellte sich vor ihn mit eingestemmten Armen hin und sagte:

„Nun, was habe ich gesagt?"

„Ich habe nichts gehört!" stöhnte Meister Lorenz Ramke.

„Schimpf und Schande erleben wir an der Christine, habe ich gesagt!" fuhr die Straußin fort. „Schimpf und Schande erleben wir, wiederholte ich Tag für Tag, ohne daß auf mich gehört wurde, und nun haben wir die Bescheerung!"

„Schwester Janna, was sagst Du!" fuhr der Meister auf; sank aber alsbald in den Stuhl zurück.

„Verdacht hatte ich lange," sagte die Straußin, den kranken Beinen des Bruders immer näher rückend. „Nun habe ich leider auch die Gewißheit. Da ist meine Nähfrau, die alte Petersen; eine kluge, umsichtige Person. Sie beobachtete die Christine, ohne daß diese es merkte, und hat es haarklein herausbekommen. Hat sie nicht oft zu Dir gesagt, sie müss-

zu mir gehen, weil ich sie nothwendig brauche? Und
ist sie zu mir gekommen? Ja Prosit die Mahlzeit!
In die Schenkstube, die im Brauhause liegt, ist sie ge=
gangen und hat schön gethan mit dem ledig=losen Volke
und verliebte Redensarten angehört, bei denen der guten
Petersen brühsiedend heiß geworden ist."

„Das ist nicht wahr!" stöhnte der Alte.

„Es ist doch wahr!" eiferte die Straußin. „Du
wirst Dein blaues Wunder erleben, wenn Alles an den
Tag kommt. Es ist unter den jungen Gesellen, die in
dem Brauhause verkehren, Einer, den sie sich zum Lieb=
sten ausersehen hat, und dieser . . . O Schande, daß
ich es sagen muß . . ."

„Nun? dieser Eine? — Au! Au! Das sind
Stiche, wie mit glühenden Nadeln! — Wer ist es?"

„Die Petersen hat es herausgebracht, wer es
ist! Ein Taugenichts! Ein Lumpenkerl ist es! Ein Seil=
tänzer, ein Comödiant, oder was sonst für ein lüder=
licher Bursche, der nicht ehrlich begraben werden darf!"

„Janna! Wenn Du mich belügst!"

„Du kannst die Petersen fragen, die nimmt das
Abendmahl darauf. Auf ihre Aussage hin habe ich
dem Kerl die Thür weisen lassen und die Brauerknechte
haben ein Wort von ihren Lungerhölzern fallen lassen,

womit sie ihn gerben wollten, wenn er sich in der
Brauerei betreten lasse. Hat es aber geholfen? Jetzt
finden sie sich anderswo zusammen und gestern haben
sie sich am hellen Tage auf offener Straße gesprochen
und zusammen gelacht, allen ehrbaren Leuten zum
Aerger."

"Das ist ein schweres Wort, Janna!" stöhnte
Herr Lorenz Ramke. "Ich kann es nicht geduldig hin-
nehmen, und will wissen, woran ich bin. Christine!
Christine!"

"Ja, rufe Du nur!" lachte höhnisch die Straußin.
"Wer weiß, in welchem Schlupfwinkel diese ihren Liebsten erwartet."

"Jetzt gleich soll es an den Tag!" rief Meister
Lorenz, gewaltsam den Schmerz bezwingend und von
dem Stuhl aufstehend. "Christine! Christine!"

Christine war hart an der Thür. Sie hatte sich
dort hingestellt und jedes Wort gehört, was die eiserne
Brauerwittwe sagte. Verdruß, Unmuth und Spott
wechselten auf ihrem Angesicht, dann aber eilte sie zurück in die Küche und als Meister Lorenz zum dritten
Male ihren Namen rief, trat sie mit Teuern, Löffeln
und Messern beladen ein und fragte ganz unbefangen:

"Ihr habt gerufen, Ohm? Verübelt es nicht,

aber ich stand vor dem Kessel und legte die Klöße ein, da habe ich es überhört. Die Annemarie sagt es mir eben. Womit kann ich Euch zu Willen sein? Es ist Zeit zum Tischdecken."

„Da siehst Du es, daß Deine Anklage eine falsche ist, und daß die alte Petersen Dich belogen hat!" sagte Meister Lorenz, augenscheinlich froh, daß die letzte Anschuldigung eine falsche war. Eben so gut konnten es auch die übrigen sein. Er nahm es für gewiß an und setzte hinzu:

„Ich will von solchem Geschwätz ein für allemal nichts mehr hören und Du sollst mir damit vom Halse bleiben. Was hast Du nur mit der Dirne, die Dich doch keinen Schilling kostet?"

Christine hatte bislang mit der größten Unbefangenheit das Tischdecken besorgt und wandte sich jetzt zu dem alten Herrn:

„Wenn es Euch recht ist, können die Leute aufgeschüsselt bekommen. Was habt Ihr nur mit der Muhme Straußin, Ohm?"

Dieser war vor Staunen keines Wortes mächtig. Sie sah die junge Dirne mit dem unbefangenen Gesicht vor sich stehen und murmelte vor sich hin:

„Derlei Frechheit setzt Allem die Krone auf. Ich

weiß mich vor Grimm und Zorn nicht zu lassen! Aber
was ich ihr nicht sagen kann, daß will ich ihr zu füh=
len geben . . ."

Sie hob bedrohlich beide Arme und näherte sich
Christinen. Meister Lorenz humpelte herbei und sagte:

„Du sollst ihr nichts thun. Der Schlag, den Du
ihr giebst, hat mich getroffen. Sieh Dich vor, Janna!"

Bei dieser ernsten Wendung wurde Christine lei=
chenblaß und fragte händeringend:

„Sei Gott uns gnädig, was soll das bedeuten?
Was habt Ihr mit der Muhme und was will sie
von mir?"

„Sie will Dich schimphiren, Kind!" sagte Meister
Lorenz. „Sie beschuldigt Dich eines unordentlichen
Lebenswandels und will mich zwingen, es zu glauben
und Dich deshalb abzustrafen!"

„Ach Gott! Ach Gott! Womit habe ich das ver=
dient?" jammerte Christine laut. Frau Janna Strau=
ßin ermannte sich und sagte:

„Womit Du es verdient hast? Damit, daß Du Dir
einen lüderlichen Comödiantenkerl zum Liebsten auser=
sehen hast. Einen von den Vagabonden, die in dem
holländischen Oxhoft ihr Wesen treiben, denen jeder
ehrliche Mann zehn Schritte aus dem Wege geht und

die der Herr Pastor aus der Kirche verweisen kann,
wenn sie sich darin blicken lassen. Einer . . ."

Aber weiter brachte es Frau Janna Straußin
nicht. Christine brach in ein so krampfhaftes Schluch=
zen aus, daß es beunruhigend wurde. Ihr Zorn und
ihr Unwillen trugen so sehr den Stempel der Wahr=
heit und die gekränkte Unschuld sprach sich mit solcher
Würde aus, daß Meister Lorenz vor Rührung an zu
weinen fing und die Straußin, die das geeignete Wort
nicht finden konnte, sich zum Abschied rüstend sagte:

„Es ist gut! Ich kann ja gehen. Was geht es
mich im Grunde an? Meinetwegen mag die Geschichte
nicht wahr sein. Ich stand nicht dabei. Aber die alte
Petersen schwört darauf . . ."

„Sprich den Namen des alten Weibes nicht aus,
der ich alle meine Gicht in den Leib wünsche und das
böse Zeug und die Pestilenz dazu! — Christine! Be=
ruhige Dich, mein Püppchen! Ich glaube von all' dem
Zeuge nichts und die Dich jetzt so schwer kränken, sol=
len es Dir auf den Knieen abbitten. Sieh mich nicht
so ingrimmig an, Schwester Janna! Deine Klatsche=
reien machen keinen Eindruck. Ich weiß wohl, daß Du
darauf ausgehst, die Christine aus dem Hause zu ver=
treiben und einer Andern das warme Nest zu bereiten;

aber Du haſt Dich verrechnet; die Chriſtine ſitzt feſter
darin, als je."

Seine Rede ging zu Ende. Sie mußte zu Ende
gehen, denn die, welche davon betroffen werden ſollte,
war auf und davon. Er wandte ſich jetzt zu ſeiner
Nichte, die ſich ſchon völlig gefaßt hatte und ſchmeichelnd
entgegnete:

„Macht Euch um mich keine Sorgen. Die Muhme
wird es einmal bereuen, was ſie Unrechtes thut, und
damit bin ich zufrieden. Aber nun muß ich hinaus,
denn es iſt über Mittag und die Leute warten."

Raſch entfernte ſie ſich und bald darauf ſaßen
Knechte und Mägde um den wohlverſehenen Tiſch.
Chriſtine brachte dem Kranken ſeine beſondere Schüſſel,
legte ihm ſchmeichelnd den Löffel in die Hand und
ſprach ihm tröſtend zu. Als ſie ihn darauf in ſeine
Schlafkammer geleitet hatte und allein in der Stube
war, ſagte ſie mit einem tiefen Athemzuge:

„Das ging einmal wieder vorüber. Aber lange
halte ich es nicht mehr aus. Wenn der Eberhard nicht
ernſtlich darauf beſtände, daß ich ausdauern ſoll, wäre
ich längſt mit ihm davon gegangen. Aber auf das
Theater will ich. Und wenn es mir gelingt, gut Co=
mödie zu ſpielen, frage ich nach allem Andern nichts.

Vater und Mutter habe ich nicht. Für das Bischen Essen und Kleidung, was mir die hochmüthigen Verwandten geben, muß ich genug Schelte einstecken und nach der ganzen übrigen Welt frage ich nichts."

Und als am Abend das Haus und die Werkstatt geschlossen wurden, als die Gesellen und Lehrburschen in die Bodenkammern gingen und die Mägde in die Kellerstube krochen, öffnete sich ein Dielenfenster, und Christine steckte den Kopf heraus.

„Allerschönste Jungfer," flüsterte es von unten herauf. „Thue Sie mir die Barmherzigkeit an und öffne Sie ein Weniges die Thür. Das Fenster ist zu hoch, um es mit einem Sprunge von hier aus zu erreichen."

„Ich kann nicht," entgegnete sie in gleicher Weise. „Der Schlüssel liegt drinnen bei'm Ohm und er ist noch nicht eingeschlafen. Aber morgen finde ich mich an der bewußten Stelle ein. Ich habe Alles mit mir überlegt und will meinen Peinigern entfliehen. Ich bin ganz und gar die Eurige."

„Juchhe!" erschallte es von unten herauf und eine Gestalt verschwand in dem Dunkel der Nacht. Das Fenster ward geschlossen.

———

Im holländischen Oxhoft ging es lustig her.
Nicht nur die Schenkstube ward fleißig besucht; auch die
letzten Vorstellungen fanden großen Zulauf und Vater
Pandsen rieb sich fröhlich die Hände.

Aber die Freude über das Vorhandene war nicht
so bedeutend, als die Hoffnung auf das Künftige.
Mancherlei Gerüchte waren in das Publikum gedrungen
und wurden vergrößert von Mund zu Mund getragen.
Da hieß es, Ehrwürden Johann Koch in Geesthacht hat
wieder ein Stück geschrieben, welches im holländischen
Oxhoft zur Aufführung kommen soll. Ein moralisches
Stück, hieß es auf dem Burstoch, eine Liebesgeschichte sagte
man schon auf der Zollenbrücke, ein albernes Hanswurst=
spiel lautete es weiterhin auf dem Katharinen = Kirch=
hofe und die frommen Gemüther kreuzigten und segne=
ten sich. Sie hielten sich die Ohren zu, um nicht noch
mehr von diesen Greueln zu hören, und fanden es un=
begreiflich, daß auf den heidnischen Pastor nicht Pech
und Schwefel herabregne.

Und noch ein anderes Gerücht lief neben dem
ersten her, das brachte besonders die jungen ledigen Herrn
in Bewegung und auch die alten, verheiratheten fühlten
einige Unruhe im Gemüth. Der Pandsen sollte eine
junge, schöne Schauspielerin ausgewittert haben, die mit

Nächstem eintreffen und zuerst in dem neuen Stücke des Pastor Koch spielen solle. Es ward viel von diesem Ausbunde von Schönheit, den noch Keiner sah, gesprochen und die Frau Wirthin zum holländischen Oxhoft hatte noch niemals so vornehme Kunden in ihrer Schenke gesehen, die eine Flasche Wein nach der andern bezahlten, ohne sie zu trinken und ihr dabei das räthselhafte Geheimniß abzuschwatzen suchten. Sie aber strich wohlgefällig die dargereichten Doppelmarkstücke ein, vergaß regelmäßig, das Kleingeld heraus zu geben und versicherte hoch und theuer, nicht mehr zu wissen, als jeder Andere; demnach sollte es einmal eine Senatorstochter aus Lübeck, ein anderes Mal eine junge Kaufmannsfrau aus Bremen sein. Sie aber halte Beides für eine Lüge und wolle eher der dritten Nachricht glauben, daß die junge Dirne ein richtiges Hamburger Kind sei. Zu welchem Hause sie aber gehöre, das könne sie nicht sagen. Wer sich überzeugen wolle, möge warten und die Augen öffnen, denn die Probe müsse bald beginnen und die Schauspieler gingen allesammt durch die Schenkstube."

Das ließen sich die Herren gesagt sein und drängten sich der Thür so nahe, daß kaum ein Mensch durch dieselbe gelangen konnte. Die Schauspieler kamen auch verkündetermaßen, Damen wie Herren, nur nicht die

Ersehnte und verdrießlich gingen endlich die Neugierigen ihres Weges, um am folgenden Tage wieder zu kommen.

„Die können lange warten!" kicherte die Wirthin in sich hinein, als sie das eingenommene Geld durchzählte. Eine alte hektische Person, die hier ein Gläschen für's Nüchterne zu nehmen pflegte, legte ihren Schilling auf die Tafel, indem sie sagte:

„Am Ende hält Sie alle die lieben schönen Herren am Narrenseil und es ist gar keine solche Comödiantin da."

„Freilich ist sie da!" entgegnete die Wirthin mit aufgeworfenen Lippen. „Aber ihr Liebster ist eifersüchtig und geht mit ihr über den Hof."

„Hm! Hm!" hüstelte die Alte, trank den letzten Tropfen und ging aus der Stube, um einen passenden Schlupfwinkel auszufinden, wo sie ihre Neugier befriedigen konnte.

Endlich brach der Tag an, da das vielbesprochene Schauspiel: „Die männerfeindliche Fürstin, die doch gedemüthigt wird," gegeben werden sollte. Die letzte Probe war beendet und der Verfasser, welcher dabei gegenwärtig war, gab seine Zufriedenheit darüber zu erkennen. Am meisten stellte ihn die junge Schauspielerin zufrieden, welche die Dorinde gab, und er sagte ihr vieles Angenehme.

„Wie heißt Sie,“ liebes Kind, fragte er und Dunkelschön, ihr zuvorkommend, entgegnete rasch: „Maienblüthe, Herr.“

„Das ist ein seltsamer, in christlichen Landen eben nicht gebräuchlicher Name,“ entgegnete der Pastor pikirt, da er glaubte, man wolle sich über ihn lustig machen. „Muß im Uebrigen bemerken, daß man nur dann zu einer Antwort berechtigt ist, wenn man vorher gefragt wurde. Aber den Prinzen Cesario hat der Herr Dunkelschön vortrefflich agirt und ich sage dem Herrn meinen Dank dafür.“

Der Schauspieler verneigte sich vor dem Pfarrer. Dieser betrachtete Beide einen Augenblick und sagte darauf:

„Dunkelschön und Maienblüthe, zwei sonderlich poetische Namen. Nun, Herr, ich hoffe, man wird wissen, daß die Maienblüthe ein zartes und leicht verletzliches Gewächs ist, das nur unter der liebreichsten Pflege und der treuesten Obhut zu gedeihen vermag. Ein kalter Nachthauch ist hinreichend sie zu tödten.“

„Sie soll leben, Herr, und lange und fröhlich leben!“ entgegnete Dunkelschön rasch, die Maienblüthe an sich drückend, und diese sah mit inniger Zärtlichkeit zu ihm auf.

„Das walte . . ." sagte der Pastor und stockte dann erröthend, indem er sich entfernte. Der Name Gottes wollte auf dem Theater nicht über seine Lippen.

„Nun wollen wir auch gehen," sagte Maienblüthe zu ihrem Begleiter. „Die Andern sind schon Alle fort und mir wird hier so beklommen."

„Das macht die Angst vor dem Abend," entgegnete er. „Aber nur guten Muth; es wird Alles nach Wunsch gehen."

„Wenn nur Die zu Hause nichts merken," sagte sie besorgt. „Es fällt mir mit einem Male schwer auf das Herz."

„Einmal müssen sie es jedenfalls erfahren und darum je eher, je besser. Was kann denn Großes geschehen? Bist Du doch meiner Treue gewiß, Du kleine Maienblüthe."

Sie betraten den Hof. Maienblüthe fuhr zusammen.

„Was ist Dir?" fragte Dunkelschön.

„Das alte Weib dort! Sieh nur, wie sie humpelt."

„Was geht Dich die Alte an?"

„Ich glaube sie zu kennen; allein ich kann mich

auch wohl geirrt haben. Laß uns schneller gehen. Mich
friert."

Das junge Paar beeilte sich. Die humpelnde
Alte, welche in der Schenkstube seit mehreren Tagen
als Spionin sich umhertrieb, kam hinter einem Haufen
Brennholz, wo sie sich bisher verbarg, hervor:

"Jetzt habe ich sie gewiß und wahrhaftig erkannt,
und lasse mich nicht irre machen. Schnell zu der
Straußin und meine Waare so vortheilhaft als möglich
angebracht. Meine Kundinnen müssen sagen, daß sie
nirgend so gut bedient werden, als von mir."

Eine Stunde später war es, als die Gesellen des
Meister Lorenz Ramke vom Mittagessen aufstanden und
in die Werkstatt gingen, um die Arbeit wieder aufzunehmen. Der Meister, von seiner Gicht nothdürftig
hergestellt, war ihnen gefolgt. Er ging von dem Einen
zum Andern, tadelte hier mürrisch, lobte dort mit einem
freundlichen Wort, und beschied den Altgesellen zu einer
vertraulichen Besprechung. Alle tummelten sich fröhlich
durch- und neben einander, als die Frau Straußin in
die Werkstatt trat, und, ohne die übliche Begrüßung,
ihrem Bruder mit den rasch herausgestoßenen Worten
entgegentrat:

"Wo ist die Christine?"

„Was weiß ich?" war die Antwort. Der Mei=
ster fühlte sich unangenehm berührt. Früh am Morgen,
als die Christine ihm das Würzbier brachte, hatte sie
über Kopfweh geklagt und war deshalb, wie die Magd
ihm meldete, nicht zum Essen herunter gekommen. Die
Triene hatte dazu ein eigenes Gesicht gemacht. Das
fiel ihm jetzt erst auf.

„Warum fragst Du das?" wandte er sich zu
seiner Schwester. „Sie ist oben in ihrer Kammer und
hat Kopfweh."

„Das ist nicht wahr!" entschied die Straußin.

„Die Triene hat es gesagt! He, Triene! Aber
laß uns doch in die Stube gehen."

Es geschah. Die Magd, von einem Lehrburschen
herbeigerufen, folgte ihnen auf dem Fuße. Der Mei=
ster wandte sich zu ihr und fragte:

„Wo ist Christine?"

„Die Jungfer klagt über Kopfweh und hat sich
niedergelegt," antwortete die Magd, aber sie machte
kein so seltsames Gesicht, als vorhin, da der Meister
zum ersten Male fragte. Die Straußin sah sie so bit=
terböse an, daß sie den Blick derselben nicht ertragen
konnte.

„So hole Sie die Jungfer, wir wollen mit ihr
3*

sprechen!" befahl die Straußin. „Rühre Sie sich! Ich habe keine Zeit."

Die Magd entfernte sich, so rasch, als es ihr möglich war. Das Beisammensein der Geschwister war peinlich. Sie rauschte auf und nieder. Er saß brummend im Lehnstuhl. Minute auf Minute verstrich. Christine erschien nicht; auch die Triene ließ sich nicht blicken.

Endlich öffnete sich die Thür und die Magd steckte den Kopf durch dieselbe:

„Ich kann sie nicht finden!"

Sie wollte eben so schnell wieder fort, als sie gekommen war, allein die Straußin ergriff sie bei'm Arm und zog sie in die Stube:

„Bekenne Sie, was Sie weiß, oder ich schicke nach der Polizei und lasse Sie nach der Roggenkiste bringen."

„Ach Gott! Ach Gott!" schrie die Triene. „Das Unglück! Die Jungfer ist seit heute Morgen fort; aber ich weiß nicht, wohin? Und wie der Mann heißt, der draußen auf sie wartete, weiß ich auch nicht. Lasse die Frau mich los! Ich bin nicht Ihre Magd und Sie hat mir nichts zu befehlen!"

Die kräftige Dirne riß sich los und lief davon, indem sie aufschrie:

„Sie hat mir den Arm braun und blau gekniffen! Dafür soll Sie mit mir vor Gericht."

Meister Lorenz stöhnte: „Was will mir das bedeuten? Christine! Dirne! Wohin kann sie sein?"

„Ich will es Dir sagen, wo sie ist!" rief Frau Straußin. „Zu den Comödianten in der Fuhlentwiete ist sie gelaufen. Die Petersen hat es gesagt."

„Komme mir nicht wieder mit der alten Hexe!" eiferte der Meister. „Ich breche ihr den Hals, wenn sie mir in die Hände fällt."

„Und doch hat dies alte Weib uns so gut bedient, daß wir verhindern können, öffentlich an den Schandpfahl gestellt zu werden. Sie soll heute Abend vor allem Volke auf dem Theater stehen und ihre Kunststücke machen. Gott erbarme sich! Ich hätte den Tod davon. Darum müssen wir es verhindern. Du so gut, als ich! Es ist unsere Schuldigkeit, sie vor dem zeitigen und ewigen Verderben zu erretten. Eile nur, denn wir müssen von Herodes zu Pilatus, und Himmel und Erde in Bewegung setzen.

Dem Meister leuchtete es ein. Er warf seine Jahre und seine Gicht hinter sich, fuhr in den Sonntags-

rock und stülpte den Dreimaster auf. Am Arm der
Schwester verließ er das Haus und Beide gingen zum
Polizeiherrn.

Die Zeit verstrich, ohne daß sie sonderlich etwas aus=
richteten. Hindernisse boten sich auf Hindernisse dar. Das
Einzige, was geschah, bestand darin, daß der Prinzipal
Pandsen befragt ward, ob sich unter seiner Bande eine
Jungfer Christine Ramke befinde, welche er kürzlich an=
geworben, und die ein hiesiges Stadtkind sei. Die Ant=
wort lautete, daß ein Frauenzimmer solches Namens
nicht bei ihm weile. Alle Damen seines Theaters seien
mit ihm von Bremen anhero gekommen und die einzige,
welche in Hamburg zu der Gesellschaft getreten, sei ohne
allen Anhang und heiße Jungfer Maienblüthe.

Ein Weiteres war für diesen Augenblick nicht zu
erkunden. Die Schauspieler waren bereits in den Gar=
deroben mit dem Ankleiden beschäftigt. Die Stunde
der Aufführung rückte heran und das Publikum strömte
in Massen herbei. Ein neues Stück, welches einen
Pastor zum Verfasser haben sollte und eine neue Schau=
spielerin von unbekannter Herkunft und von ausgesuchter
Schönheit: das sind zwei Eigenschaften, welche ein Pub=
likum der Gegenwart, wie der Vergangenheit in einen
gelinden Taumel versetzen.

„Geduld, meine Herren, Geduld!" sprach die Frau
Wirthin vom holländischen Oxhoft, welche an der Casse
saß, mit flehender Stimme. „Hier sind drei Billets zum
ersten Platz. Achtundvierzig Schilling, wenn die Herren
so gut sein wollen! — Vierschillings = Plätze sind nicht
mehr!"

„Billets! Billets!" rief es durcheinander. Das
Publikum vor der Casse gerieth in einige Collision mit
sich selbst. Es war ein bewegliches, inhaltreiches Vor=
spiel, welches sich hier entwickelte.

„Greife in die Tasche, Bruder!" entschied Frau
Straußin. „Wir wollen mit eigenen Augen uns von
der Schande überzeugen, die über uns ausgegossen wird."

„Das wollen wir!" sagte Meister Lorenz desperat
und steuerte mit seinen schweren Beinen der Casse zu,
die noch immer umlagert ward.

Die Frau Wirthin fürchtete, dem Sturm zu er=
liegen und sagte mit versetztem Athem:

„Die Achtschillings = Plätze sind auch alle. Nur
noch ein Paar Billets zum ersten Platz."

„Die gehören mir!" schrie Meister Lorenz, der
glücklich alle Schwierigkeiten überwunden hatte. „Her
mit den Dingern! Hier ist das Geld."

Die Straußin war ihm auf dem Fuße gefolgt.

Beide verschwanden unter der Menge, die in das
Parterre drang.

Das Innere des Zuschauerraumes war wenig ein=
ladend. Der nicht allzugroße Raum wurde mit Talg=
lichtern nothdürftig erhellt. Die Wände zeigten ein
schmutziges Grau. Von der Decke herab hing eine aus
Tonnenreisen und welkem Laube zusammengefügte Krone,
an welcher einige farbige Lampen, wie verlöschende Licht=
funken glühten. Das sogenannte Parterre war mit
hölzernen Bänken besetzt; die vordersten Reihen hatten
Lehnen und bildeten den ersten, die übrigen waren ohne
Lehnen und bildeten den zweiten Platz. Im Hinter=
grunde drängten sich auf einer roh zusammengezimmer=
ten Estrade die Inhaber der Vierschillings=Billets.

Rechts und links vom Souffleurkasten standen je
sechs Lichter. Der Arbeitsmann, welcher sie anzündete,
ward mit lautem Applause von dem Publikum begrüßt.
Er schwenkte zum Dank seine Mütze und schwatzte ge=
müthlich mit den sechs Musikanten, welche das Orchester
vorstellten. Der Vorhang zeigte einen großen Apfel=
baum, um dessen Stamm sich eine Schlange wand.
Unter dem Baume stand Eva und ließ sich einen
rothbäckigen Apfel schmecken, während Adam sie trübselig
anblickte. Neben ihm graste ein Schaaf.

Hinter diesem Vorhange herrschte ein eben so bewegtes Leben. Prinzipal Pandsen schritt gravitätisch auf und ab, blickte durch das in den Vorhang geschnittene Loch in das Parterre hinab und freute sich des ausverkauften Hauses. Die Schauspieler, welche in dem Stücke beschäftigt waren, begannen sich zu versammeln. Da erschien, mit geschmacklosem Flitter überladen, die männerfeindliche Fürstin, an der Hand ihres Vaters, eines vornehmen hispanischen Grafen, der sich in einen rothen Friesmantel, bordirt mit goldpapiernen Tressen, gar stattlich ausnahm. Ihnen folgte Dunkelschön als Prinz Cesario, dessen Grazie die Dürftigkeit seiner Toilette vergessen ließ, und Arm in Arm mit ihm die Maienblüthe, deren Schönheit so groß war, daß Niemand ein Auge für die geringen Mittel hatte, welche ihr zu Gebote standen, dieser Schönheit einen höheren Reiz zu verleihen.

„Sind wir beisammen?" rief Vater Pandsen, indem er seine Schäfchen musterte.

Ein lautes Ja erscholl zur Antwort und die männerfeindliche Fürstin flüsterte mit einem Blick auf die Maienblüthe ihrem gräflichen Vater zu:

„Wie sich der Affe ziert! Als wenn es mit ihr etwas Besonderes wäre!"

„Sie wird ausgepfiffen!" versicherten Seine gräf=
liche Gnaden. „Meine Freunde drüben im Bremer
Schlüssel haben es mir versprochen."

Hinter den Coulissen, in dem dunkelsten Winkel
der Bühne, saß der Verfasser des Lustspiels. Er hielt
die Hand an die Stirn, als sänne er einem Gedanken
nach, in Wahrheit aber drängte sich ihm das Blut zum
Herzen und er war eines Gedankens nicht fähig.

Da streifte in bunter Narrentracht der Courtisan
Stranitzki an ihm vorüber. Der Dichter, durch das
Geräusch aufgeschreckt, sprang auf und blieb mit offe=
nem Munde stehen:

„Wie sieht man aus? Ist das die Tracht, die
dem Diener eines vornehmen spanischen Prinzen ge=
bührt?"

„Was versteht der Herr von der Garderobe?"
fuhr Stranitzki auf. „Hanswurst ist Hanswurst, er
mag nun Perinus oder Jocus heißen."

„Nennt man den Perinus einen Hanswurst?"
sagte der Verfasser erschrocken.

„Wie denn sonst? Danke der Herr Seinem
Gott, daß ich ihn so auffasse. Und auch dafür be=
danke der Herr sich bei mir, daß ich dem Perinus
einige angenehme Scherze von meiner Fabrik in den

Mund lege, denn sagte ich nichts als die langweiligen Dinge, die der Herr mir vorschreibt, pfiffen sie mich schon im ersten Akte aus."

Lachend sprang er davon. Im Parterre wurde es unruhig. Das verehrungswürdige Publikum stampfte mit Füßen und Stöcken.

„Was ist Dir, Liebchen?" fragte Dunkelschön, die Geliebte zärtlich an sich drückend.

„Mir klopft das Herz, als wollte es zerspringen. Ich weiß nicht, was es ist."

„Lampenfieber, Liebchen. Das geht vorüber, wenn der Vorhang in die Höhe rollt."

„Nein! Nein! Es ist etwas anders. Mir steht es vor Augen, als müsse mir heute Abend noch ein großes Unglück begegnen."

„Ja, denn sie wird ausgepfiffen!" sprach pathetisch die männerfeindliche Fürstin, welche hinter ihr stand.

„Alle Mann vom Theater! Es wird aufgezogen!" rief Vater Pandsen, in die Hände klatschend.

Zwei schlechtgestimmte Geigen und eine schwindsüchtige Flöte bemühten sich, den dumpfen Wirbel einer großen Trommel zu begleiten und das Ihrige zu dem Gelingen einer Ouvertüre beizutragen, wel-

ches endlich zur Genugthuung des Publikums ein
vergeblicher Versuch blieb. Da machte die in
dem Winkel schwankende Baßgeige eine letzte ver=
zweifelnde Anstrengung. Unter der Wucht des riesigen
Bogens seufzte die mittlere Saite. Sie setzte dem
Druck des Tyrannen lebhaften Widerstand entgegen und
zersprang mit einem gellenden Mißton. Inmitten die=
ser Katastrophe rauschte der Vorhang in die Höhe.

„Nun geht es los!" sagte Meister Lorenz zu sei=
ner Schwester. „Mir ist ordentlich angst und bange."

„Meinst Du, daß ich auf einem Daunenkissen
sitze?" gab ihm die Straußin zurück. „Aber Gnade
Gott der Dirne, wenn ich sie erst in meiner Gewalt
habe. Zu Dir in's Haus kommt sie nicht wieder."

„Ich will sie nach der Schande gar nicht wieder
haben," entgegnete der Meister. „Aber ich bilde mir
noch immer ein, daß die alte Petersen gelogen hat
und dann will ich Dich recht auslachen."

Das künftige Gelächter wurde von dem hellen
Lachen der Gegenwart überboten. Es galt dem Peri=
nus, der mit dem Cesario das Theater betrat, an die=
sem vorüber mit einem halben Purzelbaum bis an
den Souffleurkasten sprang und das Publikum an=
grinsete. Stranitzki war der erklärte Liebling der

lachlustigen Hamburger jener Tage. Jedes Wort, das er sprach, wurde bejubelt. Die Reden des Prinzen gingen spurlos vorüber. Lorenz und seine Schwester sahen sich an. Sie fanden sich in einer fremden Welt.

Die Scene wechselte und die männerfeindliche Fürstin erschien mit ihren Damen. Bei dem Anblick der Frauengestalten fuhren Beide risch in die Höhe.

„Sitzen bleiben! Sitzen bleiben!" erschallte es hinter ihnen und Beide, von kräftigen Händen dazu ermuntert, fielen auf ihre Bank zurück.

„Sie ist nicht dabei!" sagte die Straußin.

„Die Petersen ist ein verlogenes Mensch!" brummte Meister Lorenz.

Aber in demselben Augenblicke flog ein allgemeines Ach! durch die Versammlung. Dorine, das lustige, übermüthige Kammermädchen, hüpfte herein und erregte durch ihre Schönheit einen allgemeinen Aufstand. Die ersten Worte verriethen einige Befangenheit; aber eben dieses unwillkürliche Zögern der Zunge verlieh ihr einen neuen Reiz und bald flossen die Worte wie Perlen aus ihrem Munde. Um die Lippen schwebte ein schelmisches Lächeln und ein reizender Muthwille blickte aus ihren Augen.

„Da ist sie!" riefen die Geschwister wie aus einem Munde.

„Versteht sich!" sagte ihr Nachbar. „Wer sollte es sonst sein?"

„Es ist das Unglückskind!" schrie die Straußin. „Welche Schande für unser Haus!"

„Herunter da, Du Teufelskind!" rief Meister Lorenz aufspringend und die drohende Faust erhebend. „Gott sei Dir gnädig, wenn Du Dich unterstehst, noch ein Wort zu sprechen."

Vergeblich suchten die Zunächstsitzenden den Lärmenden zu beschwichtigen. Die Geschwister wehrten sich aus Leibeskräften. Das Publikum, welches weiter zurücksaß, gebot Ruhe. Man sprang von den Bänken und auf dieselben, um besser zu sehen, was vorne vorging. Die muntern Burschen und Winkeljungen auf dem Vierschillings-Platz lachten, kreischten und pfiffen. Es entstand ein Höllenlärmen.

Auf der Bühne war die Verwirrung nicht geringer, als vor derselben. Der Graf im purpurgetränkten Friesmantel rieb sich die Hände und sagte: „das sind meine Freunde aus dem Bremer Schlüssel! Die männerfeindliche Gräfin lachte die Maienblüthe höhnisch an, welche sie für immer vernichtet glaubte, und drehte ihr verächtlich den Rücken, als Dunkelschön aus der Coulisse hervorstürzte und die Geliebte, die sich nicht auf den Füßen halten konnte, mit seinen Armen auffing und fest an sich drückte.

Scheinbar hatten sich die Geschwister der stürmischen Mehrheit gefügt und geschwiegen. Allein bei diesem Anblick begann der Lärmen auf's Neue und Frau Straußin rief:

„Bruder Lorenz, das ist der Kerl!"

„Ich will hinauf und ihn durchwammsen!" entgegnete Meister Lorenz.

„Hinaus! Hinaus!" rief es wie im Donnersturm und von allen Seiten geschah der Angriff zur gleichen Zeit. Meister Lorenz wehrte sich aus allen Kräften, aber als nun der Flötenbläser und der Trommelschläger vom Orchester aus das Angriffscorps verstärkten, mußte er der Uebermacht weichen. Dem Ausgange nahe, riß er sich nochmals los und gegen das Theater gewendet, rief er mit kreischender Stimme:

„Christine! Du Unglückskind! Ich verstoße und verfluche Dich! Fahre in Jammer und Noth dahin und verende am Wege!"

„Das ist meines Oheims Stimme!" schrie die

Maienblüthe entsetzt. „Er hat mich verflucht und ver=
maledeiet.‟

Sie schloß die Augen. Die ganze Gesellschaft
umringte die Ohnmächtige.

„Bringt mich hinauf zu ihr!‟ rief die Straußin,
die noch immer tapfer Widerstand leistete, als ihr
Bruder schon hinausgeschafft war. „Ich will sie bei
dem Haaren hinter mir herschleppen!‟

Prinzipal Pandien war in Verzweiflung. Er sann
auf hundert Mittel, versuchte aber keines, um den stei=
genden Tumult zu wehren. Jetzt stürzte er auf das
Theater und schrie:

„Den Vorhang herunter! Den Vorhang herunter!‟
Die Gardine rauschte nieder. Die männerfeindliche
Gräfin, die kaum das Licht der Lampen erblickte, war
vor dem Schlusse des ersten Aktes Todes verblichen.

Die Wirthin zum holländischen Oxhoft, welche
mit Argusaugen ihr Eigenthum bewachte, hatte in Folge
einer Meldung des gegenüber liegenden Bremer Schlüs=
sels, einige Vorkehrungen getroffen, ohne an den statt=
gehabten Zwischenfall im geringsten zu denken. Ein
Piket Stadtsoldaten erschien in dem Parterre des Thea=
ters, besetzte den Zugang zur Bühne, welche Niemand
verlassen durfte, bis das Publikum aus demselben ent=

fernt wurde. Tumultarisch entfernte sich dasselbe mit Pfeiffen und Schreien.

Der Verfasser des verunglückten Lustspiels war in Verzweiflung. Er bedeckte das Gesicht mit den Händen und wußte sich vor Betrübniß nicht zu lassen. Stranitzki, in der gepufften Hanswurstjacke, stand vor ihm, schnitt eines seiner tollsten Gesichter und sagte so gutmüthig, als es ihm möglich war:

„Tröste sich der Herr. Es wäre ohnehin mit dem Stücke nicht gegangen und ob es nun ein Bissel früher begraben ist, als sonst geschehen wäre, das muß den Herrn nicht kümmern."

„Es ist meine verdiente Strafe!" murmelte er vor sich hin. „Mein Herz hat seinen Stachel für das Leben!"

„Mir ist's nur leid, daß ich nicht Zeit hatte, meinen Witz von dem spanischen Wind anzubringen," sagte Stranitzki. „Der hätte uns wieder auf die Beine geholfen."

„Wie sie toben und wüthen!" sagte der Dichter mit leisem Zittern.

„Ja, wenn d i e einmal anfangen, kriegt sie keiner so bald still!"

In ihrer Nähe stampfte es auf, daß der Boden
erdröhnte.

„Weh uns! Was ist das?"

„Das sind die Soldaten, welche die Gewehre ab-
setzen. Das Theater ist vom Zuschauerraum abgesperrt,
allein es sollte mich nicht wundern, wenn einige tolle
Bursche dennoch den Weg hierher fänden."

„Und was würde aus mir? . . ." Er vollendete
die Rede nicht, denn der Courtisan unterbrach ihn:

„Ja, es wäre allerdings schlimm, wenn sie einen
Herrn, wie der Herr ist, hier fänden. Das würde ein
großes Gerede geben. Nun, ich kenne die Schlupfwinkel und wenn der Herr sich nicht scheut, hier und dort
durchzukriechen, bringe ich den Herrn ungesehen in das
Vorderhaus, von wo der Herr dann ohne Hinderniß
gehen kann, wohin es beliebt. Gebe der Herr mir getrost die Hand. Es ist dunkel."

Und der Hanswurst ergriff die Hand des Pfarrers und zog ihn hinter sich her.

Auf der Bühne lief der Direktor lamentirend auf
und ab. Er fuhr Alle an, die sich ihm näherten und
wünschte dem Dunkelschön alle sieben Landplagen an
den Hals. Durch die unsinnige Liebschaft, die er mit
einem Bürgerkinde angezettelt, habe er sein Theater

ruinirt; denn da die ganze Stadt sich gegen ihn erhe=
ben werde, müsse er mit einem weißen Stock in der
Hand davon gehen.

Dunkelschön hatte nicht Zeit, auf die Vorwürfe
des Direktors zu antworten. Maienblüthe war aus
der Ohnmacht erwacht. Das Entsetzliche ihrer Lage
ergriff sie mit voller Gewalt. Flehend bat sie den
Geliebten mit überströmenden Augen, sie vor der ihr
drohenden Mißhandlung zu schützen. Umsonst versuchte
Dunkelschön, sie zu beruhigen und verzweifelte bereits
am Gelingen, als die Wirthin erschien und sich in's
Mittel legte:

„Komme die Jungfer zu mir. Ich nehme Sie
in mein Oxhoft auf und weder Rath noch Bürgerschaft
soll Ihr den Aufenthalt darin streitig machen. Schäme
Er sich, Monsieur Dunkelschön, daß Er so verzagt thut,
einem armen Mädchen gegenüber, die keine andere Stütze
hat, als Ihn. Komme Sie, Jungfer, ich will Ihr
eine Herberge anweisen.“

Die Wirthin führte Christine fort. Da die Ruhe
überall hergestellt war, zogen die Stadtsoldaten ab und
ließen zur Sicherheit einen Posten zurück. Ueberall
sprach man bis in die Nacht hinein von der nicht ge=
sehenen Comödie des Pfarrers.

Seine Ehrwürden Herr Johannes Koch war in
nicht besonders heiterer Stimmung zu Geesthacht angelangt. Das Loos eines ausgepfiffenen Theaterdichters
ist ein herbes. Dreifach herber ist es, dulden zu müssen, daß ein Schauspiel verurtheilt wird, bevor es noch
die Bretter beschritt. Mit bekümmerter Miene ging
er in dem Garten der Pfarre auf und ab, ein Buch
in der Hand, welches er leise in die Tasche gleiten
ließ, als die Frau Pastorin erschien. Sie hatte vorhin
mit einigen Nachbarinnen gesprochen und war nicht
gesonnen, ihren Eheherrn sobald zu verlassen.

Das Gerücht von den Ereignissen in der Fuhlentwiete war auch bis nach dem stillen Dorfe gelangt,
das fern von der großen Heerstraße träumerisch an der
Elbe liegt. Die von dem Markte heimkehrenden Männer und Frauen hatten die Glocken läuten hören, doch
wußten sie nicht den Ort anzugeben, wo sie hingen.
Ihnen war nur bekannt, daß ihr Pastor dabei bethei-
ligt, und da sie den Herrn, der in der Gemeinde
sehr beliebt war, hoch in Ehren hielten, traten sie zu
der Frau Pastorin mit der Bitte, Ehrwürden zu rathen,
sich vor dem bösen Volke in Acht zu nehmen, das ihm
Eins anhängen wolle. Er möge lieber von Hamburg
wegbleiben, oder zu seinem Schutze ein Paar kräftige

Männer aus der Gemeinde mitnehmen, denn der Herr
Pastor wisse wohl, daß er sich auf seine Geesthachter
verlassen könne.

„Ich bitte Dich, Ilsabe," entgegnete Johannes
Koch, als seine Frau sich nothgedrungen eine Pause
gönnte, „lasse es endlich genug sein. Ich habe Dir Alles
haarklein erzählt und Du warst ruhig. Nun haben
Dir einige furchtsame Weiber wieder Etwas in den Kopf
gesetzt und der beigelegte Kampf beginnt auf's Neue.
Ich habe die Comödie von der männerfeindlichen Für=
stin geschrieben, wie so manche andere. Daß es da=
mit ein klägliches Ende nahm, ist ein Unglück, aber
keineswegs ein von mir verschuldetes. Noch weniger
ist es ein Verbrechen, wie Du es Dir gern in Dei=
nem Kopfe zurecht legen möchtest. Ehe ich die Arbeit
begann, erzählte ich Dir den Inhalt und nachher habe
ich Dir Scene um Scene vorgelesen. Wie kommt es,
daß eine Sache, die damals Deinen Beifall fand, jetzt
die entgegengesetzte Wirkung macht?"

Die Frau antwortete hierauf nichts und der Pastor
fuhr fort:

„Der Augustin Moreto war ein frommer Mann
und der Liebling seines Königs. Die hohe Spanische
Geistlichkeit, zu welcher er gehörte, hatte nichts gegen

seine Comödien einzuwenden und hielt ihn hoch in
Ehren. Welches verdammenswerthe Thun kann also
begangen werden, wenn man solche Comödie aus dem
Spanischen in unsere Muttersprache übersetzt, damit auch
wir des Genusses theilhaftig werden?"

"Ich kann Dir darauf keine Antwort geben," sagte
Frau Ilsabe, "allein ich vermag den Gedanken nicht
los zu werden, daß es eine Sünde ist, für die Comö=
dianten zu schreiben, die doch alle miteinander Vaga=
bonden sind. Außerdem sind die Spanier und also auch
Dein Don Augustin, Katholische, mit denen ein rechter
lutherischer Pastor keinerlei Gemeinschaft haben soll."

"O Frau! Frau!" entgegnete der Pastor mit er=
höhter Stimme. "Wie lebst Du nun schon so lange
mit mir unter einem Dache, hörst täglich und stünd=
lich meine Stimme, die niemals ein unrechtes Wort
zu Dir sprach und stehst mir doch so fern, daß ich Dich
kaum abzureichen vermag. Aber, ich danke Gott, daß
er mir bei aller Weichheit des Herzens einen festen
Sinn gegeben hat, und daß ich nicht von dem weiche,
was ich einmal für gut und recht erkannt habe."

"Was meinst Du damit?" fragte die Pastorin rasch.

"Du denkst in Deinem Sinn, ich müsse nicht
nur alle meine früheren Theaterstücke verleugnen und

mich nie wieder herbeilassen, eine solche Arbeit zu be=
ginnen."

„Das wäre gewiß ein gottgefälliges Werk und
eines Seelenhirten würdig!" sprach Frau Ilsabe.

„Ich aber sage Dir, daß es nicht geschehen wird.
Meine dramatischen Gedichte sind, wie meine Predig=
ten, die Kinder meines Geistes und ich werde nicht
verleugnen, was meinem Geiste entsprungen ist. Eben
so wenig werde ich meine Feder ruhen lassen, sondern
denke vielmehr, sie binnen Kurzem mit einem wichtigen
Gegenstande zu beschäftigen."

„Nein, daran denkst Du nicht!" sprach sie lebhaft
und klammerte sich unwillführlich an ihn. Er zog das
Buch, welches er vorhin verbarg, wieder aus der Tasche
und sprach:

„Don Pedro de la Barca Calderon war ein kasti=
lianischer Edelmann von hoher Abkunft und einer der
großen geistlichen Würdenträger. Er herrschte wie ein
Fürst der Kirche und schrieb zugleich für das Theater
seines Volkes Werke des unvergänglichsten Ruhmes."

„Du verspottest das Lutherthum, indem Du es
mit den Katholischen hältst!" eiferte die Pastorin. „Mann,
gehe in Dich, so lange es noch Zeit ist."

Johannes Koch war von seinem Gegenstande so

sehr erfüllt, daß er auf die Worte der Frau nicht wei=
ter achtete, sondern das Buch aufschlagend, fortfuhr:

„Dies ist eines der schönsten seiner Geistesblü=
then: „Der weise König Basileus, oder der traumhafte
Prinz." Dieses wunderbare Gedicht, welches mich
schon seit langer Zeit beschäftigt, müßte eine großartige
Wirkung thun, wenn es vergönnt wäre, die Melodie
der Sprache mit demselben Wohlklange in der Ueber=
setzung . . . . ."

Der Pastor wurde in seiner Begeisterung auf
eine nicht angenehme Weise dadurch unterbrochen, daß
seine Frau ihm das Buch wegriß und es mit beiden
Händen festhielt:

„Du sollst dergleichen katholische Bücher nicht
lesen; nun und nimmer nicht. Ich sorge schon dafür,
daß sie Dir nicht wieder vor Augen kommen. Ich will
auch nicht müde werden im Ermahnen und im Warnen,
wozu mir Gott helfen möge, damit du endlich loslässest
von diesem Lebenswandel, der Dich nur in Unehre
bringt und Dich in Gemeinschaft setzt mit allerlei bösem
Volke, daß Dir fern bleiben sollte in Ewigkeit. Lässest
Du nicht in Zeiten von ihnen, so werden sie sich im=
mer fester an Dich klammern und Dich erst loslassen,
nachdem sie Dich verderbten."

Die Pastorin ahnte nicht, wie nahe es daran war, daß ein Theil dieser Worte sich erfüllen sollte. Die Magd kam in aller Hast gelaufen und meldete, daß zwei Fremde, ein Mann und eine Frau, angekommen wären und auf den Herrn Pastor warteten.

Die Pastorin begleitete ihren Mann in das Haus, indem sie sagte:

„Der Besuch wird Dich auf andere Gedanken bringen. Vielleicht eine Gutsherrschaft aus der Nachbarschaft, die irgend ein Anliegen hat.

Die Pastorin sagte es, allein sie schrie vor Schrecken laut auf, als bei ihrem Eintritt in die Wohnstube ein junges Mädchen mit aufgelöstem Haar sich dem Pastor zu Füßen warf und ausrief:

„Rettet mich, Ehrwürdiger Herr, und bringt mich zu Ehren, sonst bin ich verloren und muß jämmerlich umkommen."

„Schütze mich Gott der Herr, was will das bedeuten?" rief die Pastorin.

Johannes Koch war in der äußersten Verlegenheit. Er vermochte kein Wort zu sagen und suchte vergeblich, sich von dem Frauenzimmer loszumachen. Da kam ihm der junge Mann zu Hülfe, der das Mädchen vom Boden aufhob und dazu sagte:

„Du sollst nicht vor ihm knieen, wenn er auch ein Geistlicher ist. Durch sein Lustspiel sind wir in dieses Trauerspiel gerathen und es ist seine Schuldigkeit, uns daraus zu erlösen."

„Wehe! Wehe! Die Werke des Satans tragen ihre Früchte!" klagte die Pastorin.

Der Pastor hatte sich auf einen Stuhl niedergelassen. Er sammelte mühsam seine Gedanken und sagte zögernd:

„Dunkelschön und Maienblüthe! Ihr seid es?"

„Namen, die in keinem Christlichen Kalender stehen!" jammerte die Pastorin.

„Wir sind es," sagte Dunkelschön. „Mir zur Liebe ist die Maienblüthe auf das Theater gegangen. Wie es damit ablief, ist dem ehrwürdigen Herrn bekannt. Zu ihren Verwandten darf sie nicht zurück. Tage lang wandern wir auf und ab im Lande von Dorf zu Dorf. Jetzt können wir nicht weiter. Maienblüthe ist von der ungewöhnlichen Anstrengung erkrankt. Unsere Baarschaft ist aufgezehrt. So stehen wir vor Euch und fordern von Euch, daß ihr uns christlich zusammen gebt, damit wir als Mann und Frau nach Hamburg zurückkehren und Maienblüthe sich vor den Leuten mit mir zeigen kann."

Maienblüthe streckte flehend die Arme nach der Pastorin aus und sagte:

„Ihr habt Mitleid! Ich sehe es, daß Ihr mit einer Unglücklichen und Verlassenen Mitleid fühlt. Bittet Euern Mann, daß er thut, was wir von ihm erflehen, damit ich vor der Welt zu Ehren gebracht werde."

„Es ist doch ein Funken von Schaam in diesen Dienern des Baals!" sagte die Pastorin. „Man darf nicht säumen, denselben zur hellen Flamme anzufachen."

Sie richtete einen minder strengen Blick auf das zerknirschte Mädchen und sprach zu ihrem Eheherrn:

„Willst Du sie im Elend verkommen lassen und sie dem Teufel vollends in die Arme werfen? Oder willst Du ihnen eine barmherzige Hand reichen und sie auf den Pfad der Tugend zurückführen? In Deiner Macht steht es jetzt, zwei Verlorne für den Himmel wieder zu gewinnen, oder sie noch tiefer hinab zu stoßen und für immer zu verlieren."

Johannes Koch hatte mancherlei Bedenken, allein Frau Ilsabe wußte sie in ihrem heiligen Eifer so siegreich zu bekämpfen, daß er endlich seufzend sagte:

„Sei es denn! Begehe ich eine Sünde, daß ich ein junges Geschöpf mit einem Manne unauflöslich

verbinde, ohne daß die Verwandten derselben dazu ihre
Einwilligung geben, will ich es büßen und diese Buße
als eine wohlverdiente Strafe in Demuth hinnehmen.
Man gönne mir Zeit, mich zu sammeln; in einer Stunde
soll Euer Wille geschehen."

Der Abend dämmerte herein. Zwei jugendliche
Gestalten schritten durch den Garten des Pastorates,
von dem Geistlichen und dessen Frau geleitet. Sie
entfernten sich mit vielen Danksagungen und als Koch
dem jungen Manne den Trauschein einhändigte, sagte
er zu diesem:

„Bewahret dieses Dokument wohl. Ich habe es
in aller Form ausgefertigt und werde es vertreten
vor der Welt. Wandelt nun Eure Straße in
Frieden."

Die Beiden gingen. Als der Geistliche mit sei=
ner Frau in das Haus zurückkehrte, sagte die Letztere:

„Ich danke Dir, Johannes, daß Du gut gemacht
hast, was noch gut zu machen war. Du sprachst von
einem traumhaften Prinzen, der am Ende einer langen
Nacht zum bewußtvollen Leben aufersteht. Gleiche
diesem Prinzen und laß diesen Abend den letzten traum=
haften gewesen sein, der sich in einen hellen Morgen
verwandelt, der keine Irrung zuläßt."

Der Pastor erwiderte hieraus nichts, aber er drückte seinem Weibe die Hand und ging in seine Kammer.

Der Böttchermeister Lorenz Ramke hatte wieder einen seiner bösen Anfälle. Dies steigerte seinen Zorn und er verwünschte die Christine einmal über das andere. Er hatte Alles aufgeboten, die Flüchtigen aufzufinden, allein bisjetzt war jede Anstrengung vergeblich, wodurch seine Unruhe sich fortdauernd steigerte.

Lorenz Ramke stand mit seinem Zorne nicht allein. Die ehrsamen Bürger und Meister, die mit ihm auf einer Stufe standen, fühlten sich in seiner Person gekränkt. Was ihm geschah, das konnte unter Umständen auch ihnen geschehen und sie würden Alle ihre Genossen aufbieten, gemeinsam diesen Affront zu rächen. Darum traten sie sämmtlich auf seine Seite und verlangten mit steigendem Trotz, daß sich das Gesetz des Beleidigten annehme und ihm die gebührende Genugthuung schaffe.

Prinzipal Pandsen stand unter der Anklage, ein ehrsames Bürgerkind aus dem Hause ihrer Verwandten und auf sein Theater verlockt zu haben. Dringend wies er die Anklage zurück und erklärte den That=

bestand. Nun sollte er den Eberhard Lohse, genannt Dunkelschön, der des Verbrechens bezüchtigt ward, zur Stelle schaffen, oder die Strafe, die Jenen betroffen haben würde, selbst erleiden. Die Aussichten trübten sich. Der unselige Lenker des Thespiskarren, verwünschte das holländische Oxhoft, dessen schwankenden Brettern unter ihm zusammenzubrechen drohten.

Während der Zeit näherten sich die beiden Neuvermählten der Stadt. Sie befanden sich, in Folge ihrer längeren Wanderung, in einem Zustande, der ihr Erscheinen am hellen Tage bedenklich machte. Man überlegte, ob es nicht gerathen sei, während der lauen Sommernacht im Freien zu verweilen, und bei dem ersten Morgengrauen das Asyl in der Fuhlentwiete aufzusuchen.

Dunkelschön war nicht in der besten Laune. Er widersprach seinem Weibe entschieden und wollte stets das Gegentheil von Dem, was sie vorschlug. Widerspruch weckte Widerspruch. Er zog es vor, nach einem entfernt gelegenen Orte zu wandern, und von dort aus seine Rechte geltend zu machen. Sie wollte nach Hamburg zurück, um durch beharrliches Bitten den Zorn des Oheims zu bezwingen und seine Verzeihung zu erhal-

ten. Als Dunkelschön diesen Vorschlag von sich wies,
ward sie bitter und sagte:

„Wohl mit Unrecht begehrst Du stets Könige und
Feldherrn zu spielen. Auf dem Theater ist es nicht
schwer, groß zu thun vor den Leuten, denn da ist Kei=
ner, der Dir etwas anhaben kann. Aber in der Wirk=
lichkeit wird Dir bange und Du willst nur darum
nicht hinein, weil Du fürchtest, es könne Dir Jemand
mit der geballten Faust entgegen treten, bevor Du
einen Winkel fändest, in welchen Du Dich verkriechen
könntest. Du gebehrdest Dich, wie ein furchtsamer
Knabe, statt wie ein Mann zu handeln, der sein schwa=
ches Weib vertheidigen soll.“

Das war zuviel für Dunkelschön, in dessen Adern
Soldatenblut rollte und der selbst einst die Muskete
getragen hatte. Er blitzte die Maienblüthe mit seinen
dunklen Augen an, daß es ihr fast wehe that und
sprach zu ihr:

„Für dieses Wort sollst Du mir Buße thun,
aber erst will ich Dir beweisen, daß ich nicht feige bin,
sondern dem Feinde wohl die Stirn zu zeigen vermag.
Jetzt gehen wir stehenden Fußes nach Hamburg und
geradesweges in das Haus Deines Oheims. Ich bin
gefaßt auf Alles.“

Beide erhoben sich und beschritten den Weg, der zur Stadt führte, um daselbst in dem Hause des Meister Lorenz Ramke zu erscheinen.

Bei diesem befand sich ein Gewerbsgenosse, der Großböttchermeister Werkenthien, der zugleich Bürgercapitain in der Colonelschaft von Sanct Nicolai war. Er hatte unter den Seefahrern, für die er arbeitete, vielerlei Bekannte und wußte Auswege zu finden, die nicht Jeder finden konnte, oder mochte. Werkenthien hatte sich seines Gewerbsgenossen lebhaft angenommen, weil er den Affront, welcher demselben ward, tief empfand, und sagte:

„Es ist nicht rathsam, den Zweig vom Baume zu schneiden, denn er wächst von Neuem und wird kräftiger als zuvor. Besser ist es, man rottet den Baum mit Stumpf und Stiel aus und wirft ihn in's Feuer, dann verweht der Wind die Asche und es ist Nichts übrig, was von seinem früheren Dasein Zeugniß giebt. Was Ihr mit der Theaterjungfer im Sinne habt, weiß ich nicht und denke, daß Ihr am besten thut, diese Sorge Eurer Schwester, der Frau Straußin, zu überlassen. Dem Burschen aber, der Euch so schwer kränkte, und damit der ganzen Bürgerschaft in das Gesicht schlug, wollen wir eine Rolle zuthei=

len, die ihm bis an sein Lebensende zu schaffen machen soll.

„Was meint Ihr damit? Es ist ein neumodisches Wort dabei, was ich nicht verstehe."

„Ich meine damit die holländischen Werber," entgegnete der Bürgercapitain. „Euer Lehrbursche, der Gottfried, ist einer der schlauesten Gesellen, die wir bei unserm Gewerbe haben. Vor einer Stunde kam er zu mir und meldete, daß er die Spur der Flücht= linge, die Geesthacht schon vor mehreren Tagen verlassen haben, gefunden hat. Sie sind auf dem Wege zur Stadt und sobald sie dieselbe betreten, wird dafür gesorgt, daß sie nur d i e Straße einschlagen, welche wir sie führen."

Der Bürgercapitain hatte recht. Kaum waren Maienblüthe und Dunkelschön durch das gewölbte Thor geschritten, als ein ohrenbetäubendes Geschrei sich er= hob. Von allen Seiten her stürmten die Winkeljungen herbei und schlossen das Paar so dicht ein, daß es nicht von der Stelle konnte. Maienblüthe zitterte und klammerte sich fest an ihren Mann. Diesen über= mannte der Zorn und den Knittel aufhebend, der ihm zum Wanderstabe diente, machte er Miene, sich seiner Haut zu wehren. Dreifach ärger, als vorhin, tobten die wüsten Schreier. Die Buben sprangen an ihm empor und hingen sich an seine Arme. Sie krochen ihm zwischen den Beinen durch und hielten sie umschlungen. Sie packten ihn am Gurt, daß er sich nicht zu rühren vermochte und vor Wuth mit den Zähnen knirrschte.

Lehrbursche Gottfried, der schweigsame Lenker der tobenden Schaar, der seine Myrmidonen am Schnürchen hatte, trat vor Dunkelschön hin und sagte:

„Ergebt Euch im Guten, sonst geht es Euch an den Hals. In der Comödie, welche Ihr jetzt spielen sollt, kommen keine Frauensleute vor und darum müßt Ihr Euch schon entschließen, Euern Weg allein fortzusetzen. Vorwärts, Ihr da!"

Dunkelschön machte eine letzte vergebliche Anstrengung. Maienblüthe ward von Gottfried festgehalten. Die Winkeljungen schlossen einen engen Kreis um den tobenden Schauspieler, der ein dumpfes Geheul ausstieß. Von der Steinstraße her erschienen mehrere bewaffnete Bürger. An ihrer Spitze marschirte der Bürgercapitain, welcher Lorenz Ramke's Freund und Gewerbsgenosse war. Hinter den bewaffneten Männern gingen ein Paar Kerle, die eine richtige Galgenphysiognomie zur Schau trugen. Es waren zwei Handlanger der holländischen Werber.

Je näher die Bewaffneten kamen, je mehr erwei=

terte sich der Kreis, den die Straßenjungen um den
Schauspieler gezogen hatten. Der Bürgercapitain trat
auf diesen zu und sagte:

„Ihr folgt mir!"

„Was wollt Ihr von mir?" fragte Dunkelschön,
schwer aufathmend. Die Stimme versagte ihm und
Jener fuhr fort:

„Eure ganze Bande ist ausgewiesen, wegen frecher
Ruhestörung und bei schwerer Pön ist ihnen unter-
sagt, einzeln, oder in Gemeinschaft hierher zurückzu-
kehren. Euch aber, als dem Hauptträbelsführer, zeigt
man den Weg, den Ihr zu gehen habt und wird für
eine tüchtige Geleitschaft sorgen."

Der Bürgercapitain trat zurück und an seiner
Stelle erschienen die beiden Männer mit den abschre-
ckenden Physiognomieen rechts und links von dem Schauspieler. Sie schlossen sich fest an ihn an und auf
einzelne, unzusammenhängende Worte, die er ausstieß,
sagte Einer:

„Spart Euch die Fragen, auf welche keine Antwort
erfolgt. Ihr erfahrt Alles früh genug, wenn Ihr erst
am Bord seid . . ."

„Am Bord!" stöhnte Dunkelschön.

Es war sein letztes Wort in Hamburg. Man

brachte ihn in eine Spelunke nahe am Hafen, im An=
gesicht eines Schiffes unter holländischer Flagge, welches
bereit war, nach dem Texel zu versegeln.

Als Dunkelschön von seinem Weibe getrennt war,
sagte der Bürgercapitain zu dieser:

„Jungfer Christine Ramke . . .“

Christine bezwang die Furcht, welche sich ihrer
bemächtigte und entgegnete:

„Christine Lohse ist mein Name.“

„Von Eurer Heirath wird keine Notiz genommen,“
war die gleichgültige Antwort. „Ihr seid eine ver=
laufene Dirne und werdet als solche behandelt. Bei
Eurer Muhme, der Frau Straußin, ist schon Quartier
für Euch bestellt. Gottfried, thue Deine Schuldigkeit.“

Die thue ich; darauf kann sich der Meister ver=
lassen! sagte dieser und nahm Christinen’s Arm, indem
er sagte:

„Seid so gut und geht geduldig mit mir, sonst
haben wir alle Jungens auf der Ferse und ich bin
nicht stark genug, sie von mir abzuschütteln.“

Langsam ging es dem Brauhause der Frau
Straußin zu.

Dorthin hatte sich auch Meister Lorenz Ramke
begeben und trat zu ihr in die Wohnstube.

„Warum bist Du gekommen?" fragte die Straußin barsch. „War es nicht ausgemacht, daß ich allein sie empfangen sollte?"

„Schwester Janna," sagte der Meister. „Schilt nicht mit mir, weil ich das gegebene Wort nicht halten kann. Ich habe die Christine so lieb gehabt, daß ich sie noch einmal sehen muß. Es ist mir schwer genug geworden, Dir Deinen Willen zu thun, also thue mir nun auch den meinigen."

„Es kommt nichts Gutes dabei heraus, grollte die Braumeisterin. „Sie wird schreien und heulen und Du wirst Dich von ihr beschwatzen lassen.

„Fürchte das nicht!" sagte Meister Lorenz Ramke ernst. „Sie hat mich so sehr beleidigt, daß ich es nie vergessen kann und sie nicht mehr um mich haben will. Aber ich bin Mann's genug, ihr das selbst zu sagen und darum bin ich hierher gekommen."

Das wüste Schreien, welches von außen herein= drang, verkündigte, was nahe bevorstand.

Da trat Christine ein. Ihr erster Blick fiel auf ihre Muhme, die mit zornglühenden Augen vor ihr stand. Vor diesem Anblick erstarrte das Blut in den Adern zu Eis und so mitleidswürdig war das arme junge Weib, daß Meister Lorenz Ramke, der sich etwas

zurückgezogen hatte, einen bangen Seufzer nicht unter=
drücken konnte.

Christine schaute auf. Sie erkannte den Ohm
und warf sich ihm zu Füßen:

„Ihr seid hier? Ihr!"

„Ja, Du Unglückskind!" sprach er leise. „Ich
bin hier, um Deine Schande zu sehen."

„Und mich in Gnaden aufzunehmen."

„Nein!" entgegnete er fest. „Ich bin gekommen,
Dir zu sagen, daß Du mir einen Kummer bereitetest,
der an meinem Leben nagt und bald genug ein Ende
mit mir machen wird. Du sollst Deine Strafe dafür
empfangen und in Demuth büßen, was Du im Ueber=
muth sündigtest. Dies ist Dein Urtheil und dort steht
die Vollstreckerin desselben."

Er deutete auf seine Schwester Janna und diese
murmelte vor sich hin:

„Es soll ihr kein Tüttelchen davon geschenkt werden!"

Christine bebte bei dem Laut dieser Stimme zu=
sammen und sagte:

„Sie schickt mich in den Tod!"

„Du sollst nicht sterben, Du sollst büßen!" ent=
gegnete Frau Janna Straußin.

„Gnade! Gnade!" wimmerte Christine, indem

sie die Kniee des Oheims umklammerte. Dieser machte
sich von ihr los und sagte:

„Ich bin ein kranker, kinderloser Greis, der sich
auf Dich stützte, wie auf ein eigenes Kind. Die
Stütze ist gebrochen und ich that einen Fall, von dem
ich mich nicht wieder erheben werde. Keine Gemein=
schaft ist mehr zwischen uns Beiden. Aber ich sage
Dir, daß ich als ein guter Christ Dir das Herzeleid
vergebe, welches Du mir anthatest und daß ich den
Fluch, den ich auf Dein schuldbeladenes Haupt herab=
schleuderte, zurücknehme. Ich vergebe Dir aufrichtig
und will Gott bitten, daß er Dich zur Erkenntniß
kommen lasse und die Reue in Deiner Brust erwecke.
Fahre hin, unglückliches Kind und trage die Strafe,
die Dein Vergehen verdient, in Demuth.“

Meister Lorenz Ramke entfernte sich; taub für das
Flehen der Aermsten. Als die Thür hinter ihm zufiel,
brach Christine aufkreischend zusammen. Frau Janna
Straußin schaute sie einige Momente mit einem viel=
deutigen Blicke an. Es schien fast, als bemächtige sich
ihrer ein Gefühl, welches sie bei dem Bruder ver=
dammte. Aber diese Empfindung war nur vorüber=
gehend. Mit einem gewaltigen Ruck riß die starke
Frau die Christine bei dem Arme empor:

„Fort mit Dir!

„In den Tod?" schrie diese.

„Du sollst nicht sterben, Du sollst büßen, hat mein Bruder Dir gesagt!" entgegnete die Straußin. „Und ich, als die Vollstreckerin seines Willens habe für das Kämmerlein der Büßerin gesorgt."

Sie führte Christine hinaus auf die Diele und stieg mit ihr in den Keller hinab. Draußen war Niemand zu sehen. Knechte und Mägde waren im Voraus sorgfältig entfernt. Frau Janna Straußin wollte keine Zeugen. Eine halbe Stunde später kehrte sie allein aus dem Keller zurück.

Selbigen Tages war ein Schiff unter holländischer Flagge, welches unterhalb Altona auf dem Strome lag, mit vollen Segeln an Curhafen vorübergesteuert. Als es die Kugelbaak passirte, durfte eine Anzahl von Passagieren, die bislang im Raume saßen, das Verdeck betreten. Es war Einer darunter, der die Arme sehnsüchtig nach dem Ufer ausstreckte.

Das war die letzte Scene der Comödie des Pfarrers. Wenn der Vorhang wieder aufrollt, entwickelt sich aus derselben die erste Scene des Jan Blaufink.

Jan Blaufink.

Ein Sohn ohne Mutter.

Auf dem Neptunswerfte war es, der sich längs der Elbe hin am Grasbrook ausdehnte. Ein tiefblauer Himmel lachte auf denselben herab und weiße Herbstfäden schwammen in den seltsamsten Windungen darüber hin.

Ein reges Leben herrschte daselbst. Zwei Barkschiffe, bis zum Ablaufen fertig, lagen neben einander und die Arbeiter legten die letzte Hand an ihr Werk. An der entgegengesetzten Seite streckten sie den Kiel zu einer umfänglichen Brigg und in der Mitte stand eine holländische Kuff auf dem Stapel, die mit einer neuen Spiekerhaut versehen wurde.

Es ging stark auf Mittag. Hier und da drehte sich ein Kopf rückwärts, um zu sehen, ob die Schnur der großen Glocke, die am Eingange des Werftes hing,

noch nicht gelöst und der Mittag eingeläutet werde.
Von ferne her kamen einige Frauen mit verhüllten
Körben, die ihren Männern die Mittagskost brachten,
um ihnen das Hin= und Herlaufen zu ersparen.

Unter diesen war eine, alt an Jahren und mit
einem Gesicht so grimmig, daß man sich schier davor
fürchten mochte. Sie hatte für einige ledige Gesellen
das Essen zu besorgen und trug es täglich mit Schelten
und Brummen an den bestimmten Ort. Das war die
alte Möller, welche von Niemandem wohlgelitten war
und bei jeder Gelegenheit von den andern Weibern ge=
neckt und gehänselt wurde.

„Sage Sie doch, Frau Möllern, warum Sie
heute die beiden schweren Körbe allein schleppt?" fragte
Eine ziemlich laut, mit anscheinender Gutmüthigkeit.
„Wo hat Sie denn Ihren Sohn, den Jan, der Ihr
sonst so treulich hilft?"

„Habe keinen Sohn!" brummte die Möllern.

„Ja, das konnte ich selbst wissen, daß ein solcher
Knirps, wie der Jan, nicht Ihr Sohn sein kann. Ihren
Enkel, meine ich."

„Habe keinen Enkel!" brummte Jene weiter.

„Keinen Enkel hat sie? Erbarme sich! Mieken,
hast Du es gehört? Und Du auch, Dorthe? die Möl=

lern hat keinen Enkel! Ja, was ist denn der Jan für
Einer, der bei Ihr wohnt, so lange ich denken kann und
dem alle seine dummen Streiche straflos hingegangen
sind, aus Respekt für die Großmutter, die nun gar
keine Großmutter ist."

Mieken und Dorthe, die zu Zeugen aufgerufen
waren, drückten ebenfalls ihr Erstaunen aus und die
Erstere fragte querfeldein:

„Wer ist der Jan denn eigentlich?"

„Ein Kostkind!" platzte die Möllern heraus und
ein Zucken um die Mundwinkel deutete an, daß es nun
mit ihrer Geduld am Ende sei. „Ein Kostkind, für
das ich in der letzten Zeit nur selten ein Paar Schil=
linge und seit einem Jahre gar nichts erhielt. Darum
habe ich den Thunichtgut, der mir stets ein Dorn im
Fleische war, fortgejagt und darum trage ich meine
Körbe allein. Nun wißt Ihr es und wer nun noch
Etwas fragt, dem werde ich auf eine andere Art ant=
worten. Versteht Sie das, Jungfer Naseweis?"

Damit schritt sie keuchend vorwärts, dem Werft zu,
wo das Läuten begann, welches die Eßstunde andeutete.
Von den Gerüsten huschte es die Leitern herab und
der ganze Werft glich einem bunten Ameisenhaufen,
der hin und her schwankte, wie ein loses Segel, das

auf = und niederbauscht, wenn der Wind es von der Seite anrührt. Die meisten der Gesellen rannten durch die Pforte, nach ihrer Wohnung, oder nach der nächsten Garküche, die Andern suchten ihre Frauen und Töchter auf, welche mit den dampfenden Töpfen bereit standen und ihre Vorräthe auskramten. Frau Möller sammelte die Ihrigen, reichte brummend Jedem seinen Antheil und setzte sich dann zur Seite, um das Ende der Mahlzeit abzuwarten.

„Ein Hurrah für eine Schüssel voll Erbsenbrei!" rief ein risch aufgeschossener Bursche. „Wo hat Sie meinen Löffel, Mutter Möller?"

„Hier ist eine fünfzähnige Gabel!" antwortete sie, die Hand aufhebend. „Die wird es auch thun. Unterstehe Dich nicht, meinen Körben zu nahe zu kommen."

„Gestern habe ich sie noch getragen und heute will Sie mich schlagen, weil ich daran rühre? Ist denn das Ihr Ernst, was Sie mir heute Morgen sagte und will Sie mir nichts zu essen geben?"

Der Junge stand dicht vor ihr. Es war ein schmucker Bursche mit hellen blauen Augen und frischen rothen Backen. Die blonden Haare fielen in natürlichen Locken auf die Schultern herab. Auf sei=

nem Gesicht lag eine Mischung von Furcht und Zorn,
als er die Worte ausstieß:

„Bekomme ich noch immer nichts?"

„Nicht eher," fiel die Möllern ein, „als bis
Dein Herr Vater, oder Deine Frau Mutter das Kost=
geld bezahlen, was sie mir seit Jahr und Tag schul=
den und auch dann noch nicht, weil ich einem solchen
Taugenichts keine Herberge mehr gebe."

„Warum spricht Sie von Vater und Mutter,
damit die Leute über mich lachen, da Sie weiß, daß
ich keines von Beiden habe? Sie hat mich bei sich, so
lange ich denken kann. Ich habe arbeiten müssen von
früh bis spät. Ich bin gescholten und gestoßen, den langen
geschlagenen Tag und habe nichts Anderes zu essen be=
kommen, als was die Andern nicht mehr wollten. Und
nun will Sie mich einen Taugenichts schelten vor den
Leuten und mich verspotten lassen, weil ich ein armer
Waisenknabe bin? Gnade Ihr Gott, wenn Sie das
thut! Ich habe schon manchen Bösewichtern, die mir
Etwas anhaben wollten, ein Bein gestellt; es kann auch
an Sie kommen."

„Hülfe! Hülfe!" schrie die Möllern und zog sich
hinter einen der großen Gangspille zurück. „Der
Taugenichts will mich umbringen!"

Die ganze Tischgesellschaft der Möller gerieth in Aufruhr. Andre mischten sich darein. Die Mieken und die Dorthe sorgten für Succurs. Wie ein Hagel= wetter fuhr es auf den armen Jungen herab, der vor dem wachsenden Lärmen wie betäubt stand und mit den Händen die Ohren zuhielt. Einer der Gesellen schrie über die Andern hinaus, indem er den Jungen schüttelte:

„Nimm Deine Füße in die Hand und mache, daß Du fortkommst! Seit man es geduldet hat, daß Du hierher kommen und Gänge thun kannst, wofür Du Deine Bezahlung erhieltest, bist Du auch der Stören= fried auf dem Werft gewesen. Ich weiß davon ein Lied zu singen."

„Ich auch! Ich auch!" rief es von mehreren Seiten und es wurden nun eine Menge der tollsten Geschichten erzählt, die, wären sie sämmtlich wahr, den Jan zu einem Vagabunden ersten Ranges gestem= pelt haben würden.

„Ihr lügt das Alles miteinander!" rief Jan und ein Paar heiße Thränen liefen ihm die Backen herab. „Alle lügt Ihr, aber der Claus und der Matthes am meisten. Euch Beiden will ich es gedenken, darauf mögt Ihr Euch verlassen. Ihr hattet stets einen Zahn auf mich, und den breche ich Euch aus."

Mit diesen Worten sprang er auf den Rücken des Matthes, enterte von diesem auf die breiten Schultern des Claus, daß die Zöpfe der beiden Gesellen beträchtlich wackelten, sprang mitten in die auf einen Haufen gedrängten Weiber, die schreiend auseinander fuhren, und war in dem Gewühl spurlos verschwunden.

Es dauerte einige Zeit, bevor die hochgehenden Wellen sich beruhigten. Endlich löste sich die dichtgedrängte Gruppe auf und der Claus sagte zum Matthes:

„Wir haben noch eine Viertelstunde Zeit, die Augen zu schließen. Laß uns eilen, den gewohnten Platz in dem alten Bretterschuppen zu suchen, bevor uns Andere zuvor kommen."

„Das thut noth!" entgegnete der Matthes dem Claus. „Die Schulter brennt wie Feuer. Ich glaube, der Satan, der Jan, hat mich in der Wuth gebissen."

„Beiße ihn wieder!" sagte Claus, indem sie den Bretterschuppen betraten. „An Gelegenheit wird es nicht fehlen."

Beide streckten sich neben einander hin, so nahe, daß ihre Häupter sich fast berührten, und schlossen die Augen.

Gleich darauf erschien in dem Schuppen der dritte Mann. Es war Jan, der fleißig umherspähte. Seine

Backen waren noch lebhafter geröthet; seine Augen
leuchteten heller, als sonst. Er ging den Schlä-
fern so nahe, als er nur vermochte. In der Hand
hielt er ein Kabelgarn, worin sich eine Schlinge befand.
Geräuschlos duckte er sich bei ihnen nieder und ver-
harrte einige Minuten regungslos an ihrer Seite. Dann
erhob er sich und verschwand aus dem Schuppen eben
so schnell und unhörbar, als er denselben betrat. Er
hatte es so eilig, daß er fast den Werftmeister über
den Haufen gerannt hätte. Dieser wich unwillkührlich
zurück und sagte dann drohend:

„Von Dir hört man saubere Geschichten! Daß
Du es nur weißt! Deines Bleibens ist hier nicht länger. Der Baas giebt Dir den Laufpaß und morgen
darfst Du nicht wieder hierher kommen.“

„Es ist gut!“ sagte Jan nach einer Pause.
„Dachte wohl, daß es so kommen würde, denn auf
einen armen Jungen regnet alles Unheil herab, während eines reichen Mannes Sohn für seine Schelmen-
streiche noch belobt wird. Ihr habt mich auch immer
gehänselt und mir die Paar Spähne mißgönnt, die ich
Abends nach Hause trug. Aber ich will Böses mit
Gutem vergelten und Euch vor einem Unglück warnen,
das Euch bedroht! Der Claus und der Matthes ....“

„Sind sie betrunken?" fuhr der Werftmeister ihn an.

„Ich habe ihnen keinen Branntwein geholt!" entgegnete Jan kurz ab. „Aber sie sitzen dort im Schuppen bei einander und sprechen von Rebellion und daß sie den ganzen Werft um Mitternacht mit Pechfackeln beleuchten wollen, so hell, daß die Leute in Harburg glauben sollen, es sei Mittag."

„Alle Donnerwetter!" platzte der Werftmeister heraus. Er steuerte dem Schuppen zu, so schnell er konnte, und fuhr die beiden Schläfer, die sich eben zu ermuntern begannen, an:

„Matthes! Claus! Wollt Ihr Tagediebe vom Boden auf! Wie weit seid Ihr mit Eurer Mordbrennerei?"

Jan stand hinter dem Werkmeister und schrie fortwährend: „Rebellion!"

Was in der Nähe war, eilte herbei und fragte nach der Revolte.

„Hollah! Ahoi!" antworteten die Schläfer, indem sie die Augen aufschlugen und Miene machten, sich zu erheben. Aber in demselben Moment fuhren sie mit den Köpfen zusammen und fielen rücklings wieder um.

6*

Eine ganze Tonleiter von Flüchen und Verwün=
schungen quoll aus den ungewaschenen Mäulern der
beiden noch schlaftrunkenen Gesellen, die sich balgten und
umwälzten, ohne nur im Geringsten von einander los=
kommen zu können. Die Zuschauer brachen in ein lautes
Gelächter aus und der Werftmeister, der sich zu ihnen
herabbeugte, rief, sich die Seiten haltend:

„Da hat ihnen Jemand die Zöpfe zusammen ge=
bunden! Gehe Einer zu ihnen und mache sie von ein=
ander los. Wer Teufels hat diesen tollen Streich
ausgebrütet?"

Einer der Lehrburschen hatte mit Hülfe seiner
spitzen Finger und eines Messers den gordischen Kno=
ten gelöst, nicht ohne den sauber gedrehten Zöpfen einige
erhebliche Wunden beizubringen. Mit lauten Verwün=
schungen sprangen die Beiden, welche der Gegenstand
des allgemeinen Gelächters waren, vom Boden auf und
schrieen:

„Das hat der Jan gethan!"

„Der Jan! der Jan!" hallte es im Echo wieder.
„Wo ist er?"

Und alle Hände streckten sich nach ihm aus.

Aber dieser befand sich längst aus dem Bereiche
derselben. Mit der Gewandtheit eines Seiltänzers er=

kletterte er einen der hohen Sägeböcke, balancirte auf
demselben und rief herunter:

„Wer denn sonst? Habt Ihr nicht gesagt, wer
mit Ehren den Werft verlassen will, muß erst sein
Meisterstück machen? Da habt Ihr meines. Zwei
Querköpfe habe ich zu Einem zusammen geschweißt.
Daß Ihr sie wieder trennt, ist Euer Schaden, nicht
der meinige. Ein Hurrah für den Neptunswerft!
Mich sieht er nicht wieder. Kopf weg!"

Mit dem letzten Ausruf sprang er von dem Säge=
bock hinunter mitten in den Schwarm der tobenden
Lehrburschen. Die junge Brut fühlte einige Sympa=
thieen für den Tollkopf und ließ ihn durchschlüpfen.
Einer derselben steckte ihm sogar ein Stück schwarzes
Brod in die Hand, das er für sich zur Vespermahl=
zeit beiseite legte, und erst als Jan einen ziemlichen
Vorsprung hatte, flogen sie tobend und schreiend hinter
ihm drein.

Jan ging seines Weges. Er wußte nicht, wo=
hin? Es war ihm auch einerlei. Ihm fehlte die Stelle,
wo er sein Haupt niederlegen; ihm fehlte der Bissen,
womit er sich sättigen konnte. Nur der blaue Himmel
über ihm war sein Dach und die Wasserfluthen der Elbe
standen ihm frei zum unbeschränkten Gebrauch.

Der Hunger bewältigte den armen Jungen, der nicht aus den Fleischtöpfen der alten Möller hatte schöpfen dürfen. Da gedachte er des Stückes Schwarzbrod, was man ihm im Gedränge zusteckte, und hastig fuhr er damit nach dem Munde.

„Ach bitte, bitte! Mich hungert so sehr!" sprach eine weinerliche Stimme neben ihm. „Bitte! Bitte!"

Jan sah sich um und gewahrte ein kleines Mädchen, das auf einem Stein am Wege saß und bitterlich weinte. Sie war nur nothdürftig bekleidet und zitterte vor Frost und Hunger.

„Ich habe selbst nichts!" sprach Jan kurzab und ging weiter; aber in demselben Augenblicke kehrte er wieder um, bückte sich zu dem Kinde nieder und sagte:

„Einen Bissen will ich Dir wohl abgeben; das Andere brauche ich selbst."

Er steckte dem Kinde ein Stück von dem Brode in den Mund, das spurlos verschwand. Ihm folgte ein zweites und drittes. Das Kind hörte zu weinen auf. Es lächelte seinen Wohlthäter an und sagte, in die Hände klatschend:

„Mehr! Mehr!"

„Mehr habe ich nicht," sagte Jan, mit einem wehmüthigen Lächeln. „Es hat gerade ausgereicht, Dich satt zu machen. Ob sich aber Einer findet, der mir die Bissen ungezählt in den Mund steckt, ist nicht zu hoffen."

Das kleine Schauspiel hatte einen Zuschauer gehabt. Einen stattlichen Herrn, der von den Werften kam und nach dem Thor zuschritt. Es war der Baas vom Neptunswerft, der den ganzen Vorgang mit dem Jan kannte und selbst befohlen hatte, daß derselbe entfernt werden sollte.

„Ein durchtriebener Taugenichts und doch solcher That fähig!" sprach er vor sich hin. „Hm! Ist mir leid. Aber Wort ist Wort und ich kann es den Leuten gegenüber nicht zurück nehmen. Jan! He! Jan!"

Jan erkannte den Baas an der Stimme und konnte eine Anwandlung von Furcht nicht unterdrücken. Aber rasch schüttelte er sie von sich ab und sagte:

„Ihr habt mich von Euerm Werft gejagt und mir nichts mehr zu befehlen."

„Ich will Dir auch nichts befehlen; ich will Dich Lügen strafen."

„Das könnt Ihr nicht, denn ich lüge nie!"

„Du hast eben gesagt, es wird sich Keiner finden, der Dir die Bissen ungezählt in den Mund steckt. Ich will Dir Jemand zeigen, der es thut."

„Ein Schimmer der Freude flog über das Ge=
sicht des hungernden Knaben. Er folgte dem Baas,
der auf eines der kleinen einstöckigen Häuser zu ging,
dessen Besitzer eine Herberge und eine Garküche für
ledige Zimmergesellen hielt. Mit der Mütze in der
Hand kam der Wirth dem reichen Baas entgegen und
fragte nach dessen Befehlen.

„Da bringe ich einen Burschen, den ich von mei=
nem Werft habe entlassen müssen.“

„Das ist der tolle Jan!“ sagte achselzuckend der
Inhaber der Garküche. „Der wird wohl noch von
zehn andern Stellen weggejagt werden.“

„Ihr werdet ihn bei Euch aufnehmen und ihn
verköstigen. Acht Tage lang kann er für meine Rech=
nung bei Euch bleiben und der Werftmeister soll Euch
den Betrag auszahlen. Binnen dieser Frist mag er
sich umthun und zusehen, ob er ein ordentlicher Kerl
werden, oder am Wege verkommen will.“

Jan wollte sich in Danksagungen ergießen, allein
der Baas wehrte ihn ab und sagte im Weitergehen:

„Führe Dich fortan gut auf und werde ein tüch=
tiger Kerl, das ist der beste Dank, den Du mir sagen
kannst.“

„Das will ich!" rief Jan ihm nach und wandte sich dann an den Wirth:

„Nun, Vater Pfingstmeier, das ist wohl das erste Mal, daß ich die Füße untern Euern Tisch stecken darf? Dafür sollt Ihr aber auch Euer Wunder erleben."

„Das glaube ich!" entgegnete Jener, und folgte dem voraneilenden Burschen mit einem Seufzer in das Haus."

Der weitere Schauplatz, auf welchem dieses Drama sich entwickelt, bot einen Anblick dar, von welchem die Gegenwart keine Ahnung hat. Der große Neumarkt war bei weitem noch nicht bebaut. Zwischen den einzelnen Häusern lagen wüste Stellen, theilweise als Gartenland benutzt. Von der Mitte des Platzes aus ging ein Heerweg, der nach dem Innern der Stadt führte und der, weil er mit großen Steinen gepflastert war, der alte Steinweg hieß. Nach der entgegengesetzten Richtung hatte man einen zweiten Heerweg angelegt, der sich bis nach Altona hinzog und der neue Steinweg genannt wurde.

Drei Merkwürdigkeiten zeichneten diesen Platz aus.

Die erste war ein großer hölzerner Glockenthurm,
worin während des Baues der Michaeliskirche die
Glocken derselben hingen. Die zweite war ein hohes,
spitzgiebeliges Haus mit düstern Mauern und einer
schwarzen Figur über dem Eingange. Dies deutete an,
daß es die Apotheke zum schwarzen Mohrian sei, wel=
ches zugleich die erste in der ganzen Stadt war.

Das dritte war eine große hölzerne Bude, welche
im Norden des Marktes, unfern von dem Heerwege
stand. In demselben befand sich ein geräumiges Theater,
auf welchem die vielbekannte Veltheim'sche Truppe vier=
mal in der Woche eine jener seltsamen dramatischen
Ungeheuer zur Welt brachte, die mit dem Bajazeth und
dem Tamerlan begannen und mit dem Arlequin und
der Colombine endeten.

An einem dieser Tage hatte der Prinzipal dieser
Truppe die allgemeine Aufmerksamkeit besonders erregt,
indem derselbe ein Festspiel geschrieben hatte, welches
den Titel führte: „Das triumphirende Hamburg, oder
der Friedensengel, welcher die Hammonia bekränzt,
Einem Hochedlen Rath zu Ehren in Verse gebracht und
mit angenehmen Melodieen versehen. Auch mit abson=
derlichen Transparenten und reichen Anzügen aus=
gezieret."

„Das muß ich sehen!" sagte ein Vorübergehender
zu seinem Begleiter, der den prunkenden Anschlagzettel
gelesen hatte. „Das triumphirende Hamburg! Nun das
versteht sich! Hamburg spielt immer den Trumpf aus!"

„Nimm nur den Mund nicht so voll und stehe
andern Leuten nicht im Wege!" fiel sein Begleiter ein
und zog ihn auf die Seite. „Dir brennen auch wohl
wieder die Vierschillingsstücke in der Tasche, daß Du
sie den Comödianten hinwerfen willst? Wenn es Deine
Frau hört . . . .!"

„Die braucht nichts davon zu wissen. Sie ist
aus Sanct Georg gebürtig und hat für das triumphi=
rende Hamburg kein Herz. Die Sanct Georger sind
Alle so. Gewöhnliche Butenminschen. Allein . . . ."

Das Weitere verhallte im Gedränge.

Ein Trupp Winkeljungen stürmte heran. Er nahm
die halbe Breite des Platzes ein. Die Knaben hatten
sich bei der Hand gefaßt und bildeten eine vielfach ge=
gliederte Kette, die Alles mit sich fortriß, was ihr auf
ihrer Wanderung in den Weg kam. Alle schrieen auf,
die mit in den Strom hineingerissen wurden, am meisten
die alten Mütterchen und hülflosen Mädchen. Aber je
lauter ihr Geschrei, um so betäubender wurde der Lär=
men der Winkeljungen. Sie stürmten gegen die große

Theaterbude an, als gälte es, dieselbe im Sturm zu nehmen und das triumphirende Hamburg, welches eben auf den schwankenden Brettern erbaut wurde, in die äußerste Gefahr zu bringen.

Eine einfach gekleidete Frau, welche der Richtung nach von dem Krahenkamp herunter kam, befand sich, als die ringelnde Schlange eine Wendung nach der entgegengesetzten Richtung machte, in der augenscheinlichsten Gefahr, über den Haufen gerannt zu werden. Sie sah sich nach allen Seiten ängstlich um und suchte vergeblich, sich dem drohenden Verhängniß zu entziehen.

Es war eine ältliche Frau. Das Gesicht erschien bleich, aber von unbeschreiblicher Anmuth. Um die Lippen zeigte sich ein Zug wehmüthiger Trauer. Ein Vorübergehender, im Rücken der fort und fort vibrirenden Schlange, erkannte sie und rief ihr zu:

„Frau Rosmarin, nehme Sie sich in Acht, wertheste Collegin! Mache Sie eine desperate Wendung."

Es war ein Mitglied der ehrsamen Veltheim'schen Truppe, der sich eben zur Probe nach der hölzernen Bude begab, welcher seiner Collegin, die sich zum gleichen Zwecke einfand, die gut gemeinte Warnung zurief.

Aber diese Warnung fruchtete wenig und Frau

Rosmarin wäre der züngelnden Schlange zum Opfer
gefallen, wenn nicht zwei Glieder derselben hinterrücks
von kräftigen Händen ergriffen und niedergeworfen
wären. Durch dies entschlossene Manöver wurde die
Kette in zwei Hälften gesprengt und fiel nach beiden
Seiten hin auseinander.

Frau Rosmarin, welche, kurz vor dem bedroh=
lichen Umsturz, die Straße frei vor sich liegen sah,
nickte dem jungen Burschen, der diese That wagte,
freundlich zu, und sagte:

„Danke Dir, mein Söhnchen! Du hast mir einen
guten Dienst geleistet, den ich Dir gern lohnen möchte.“

Sie machte Miene, in den Beutel von halbver=
schossenem rothen Wollenzeuge zu greifen, der an ihrem
Arm hing, allein erröthend ließ sie davon ab. Sie
mochte sich zur rechten Zeit erinnern, daß sie ihrer
Hand eine vergebliche Arbeit zumuthete, denn die Gage
war nur geringe und der Zahltag des Direktors nicht
stets im Voraus fest bestimmt.

„Dafür nehme ich nichts!“ rief der Bursche der
Frau Rosmarin nach, die sich nochmals nach ihm um=
blickte und ihm freundlich zunickte.

„Was für ein lieber Knabe ist das!“ sagte sie im
Weitergehen.“ „Mir ging bei dem Anblick ordentlich

das Herz auf. Ich hätte ihn nach seinem Namen fra=
gen sollen; ich will es noch . . ."

Aber als sie diesen Entschluß faßte, war es zu
spät, ihn auszuführen. Die tobenden Jungen hatten
den Retter aus Gefahr von allen Seiten eingeschlossen
und machten keine Miene, ihn sobald der Haft zu
entlassen.

Die Lage des kecken Jungen war Anfangs keine
unbedenkliche. Allein die Unerschrockenheit, die er zeigte
und die Raschheit, womit er jedes wüste Wort mit noch
einem wüsteren zurückschlug, erwarb ihm Freunde, die
sich offen zu ihm schlugen, als er empört ausrief:

„Pah! Zwanzig über Einen, das ist Hundeart.
Da klaffen auch ihrer drei oder vier hinter einer ver=
stürmten Katze her. Aber Einer gegen Einen! Mann
gegen Mann, ist ächter Straßenjungen Art. Ihr seid
alle miteinander keine rechten Straßenjungen, sonst würde
sich wohl Einer unter Euch finden, der den Muth
hätte, mit mir es zu wagen."

Es fand sich ein solcher; so wie ein Zweiter und
Dritter. Als der Vierte, tüchtig zerzaust, auf dem
Steinpflaster lag, brach die ganze Schaar in ein lau=
tes Freudengeschrei aus und rief ihm zu:

„Genug! Genug! Du kannst bei uns bleiben und

sollst dabei sein, wenn wir mit denen von den Vor=
setzen und vom Stubenhuk her zusammen stoßen. Da=
von soll keiner ohne blaue Augen und geschwollene
Nase heimkommen."

Der Bursche mit dem muntern Blick und den
flinken Händen befand sich inmitten einer lustigen Ka=
meradschaft, die ihre Zärtlichkeit durch vielfache Stöße
und Püffe an den Tag legte. Jeder sprach mit ihm,
Jeder wollte eine Antwort, bis zuletzt Einer fragte:

"Wie heißt Du denn?"

"Jan!" war die Antwort.

"Jan!" entgegnete Jener. "Ich heiße auch Jan,
aber noch Etwas dazu. Jan Bremer heiße ich, wie
mein Vater und der da heißt Jan Lorenzen: Und Du,
wie heißt Du?"

"Jan Thiemer!" sagte der Gefragte.

"Und Du? Und Du?"

Es kamen noch ein Paar andere Jan's zum Vor=
schein und die Aufforderung, seinen Zunamen zu nennen,
erging an den zuerst Befragten auf's Neue.

Er schwieg betroffen und ward blutroth im Ge=
sicht. Von dem Augenblicke an, da er denken konnte,
bis zu dieser Minute war er Jan genannt worden.
Es war ihm nicht in den Sinn gekommen, daß er auch

noch einen andern Namen haben müsse. Die alte Möl=
ler, die täglich mit ihm schalt und zankte, war mit
diesem Namen zufrieden gewesen. Auf dem Werft hatte
Keiner nach einem andern verlangt. Auch Vater
Pfingstmeier, der Schenkwirth, bei dem ihm der Baas
von den Neptunswerft unterbrachte, verlangte keine
nähere Bezeichnung, sondern hatte ihm bei'm Fortgehen
zugerufen:

„Jan! Jan! Morgen wird das Kostgeld für Dich
zuletzt bezahlt; also siehe zu, daß Du Dich heute irgendwo
unterbringst, sonst geht es Dir schlecht!"

So war Jan von dem Grasbrook weg und in
die Stadt gegangen, um zu suchen, was er selbst nicht
recht wußte. Statt dessen fand er eine Menge unge=
wisser Kameraden und vermißte Etwas, was er bis zu
dieser Stunde nicht entbehrt hatte: einen Namen.

Das bedenkliche Schweigen fiel allgemein auf.
Die Straßenjungen, die vor keinem tollen Streiche zu=
rückbebten, sahen ihn von der Seite an und mehrere
Vollbürtige zogen sich unwillführlich zurück. Sie schau=
ten sich gegenseitig an und sahen erwartungsvoll auf,
als Einer fragte:

„Hast Du denn keinen andern Namen, als diesen
Einen?"

„Nein," entgegnete er, und ein leises Fürchten kam über ihn. „Einen Andern habe ich nicht."

„Wer ist denn Dein Vater?" fragten die Knaben.

„Ich habe keinen Vater!" sagte Jan tonlos und mit niedergeschlagenen Augen. „Die alte Frau Möller..."

„Ist sie Deine Mutter?" unterbrach ihn Jemand.

„Ich war ihr Kostkind," gab Jan zur Antwort. „Aber das bin ich nun auch nicht mehr."

„Dann bist Du garnichts!" sagte einer der Keck= sten in der Schaar, „und kannst auch nichts werden, denn kein Meister nimmt einen Jungen in die Lehre, der nicht von rechtlichen Eltern geboren ist."

Jan zitterte. Die hellen Thränen stürzten ihm aus den Augen.

Dieser Auftritt machte einem sonst ziemlich zag= haften Buben Muth und er fragte, sich dem Weinen= den nähernd:

„Wo bist Du denn eigentlich her? Hat Dich der Storch aus der Elbe gefischt, oder bist Du gerades= weges vom Himmel herunter gefallen?"

Da stockten die Thränen, da hob sich das gesenkte Auge. Die Adern schwellten an und den unverschäm= ten Frager schüttelnd, daß ihm der Athem verging, rief

er mit einem Tone, wie man ihn von einem Burschen
seines Alters nicht zu hören vermuthete:

„Wenn Du das noch ein Mal sagst, bringe ich
Dich um!"

„Laßt ihn gehen!" sagte Einer. „Wir wollen
ihn nicht unter uns haben. Da er keinen Namen hat,
kommt er nirgends an und die Werkstätten haben Frie=
den vor ihm. Er kann Stadtsoldat werden."

„Oder Comödiant!" rief ein Anderer. „Das ist,
wie mein Vater sagt, verkommenes und verdorbenes
Volk, das keinen Namen hat und keinen braucht. Hörst
Du, Jan Kostkind? Gehe in die Holzbude und lasse
Dich anwerben."

Fort waren sie, wie vom Winde weggeblasen.
Jan sah ihnen nach und näherte sich darauf unwill=
führlich der Holzbude, ohne zu wissen, was er dort
wollte. Er stand davor, beide Hände in den Taschen
und gaffte sie an.

Auf dem Theater selbst, über welches sich das
Dach der Holzbude wölbte, herrschte eine augenblickliche
Verlegenheit. In der Hauptscene des triumphirenden
Hamburg's war ein massenhaftes Volksgedränge vor=

geschrieben, allein die Zahl der vorhandenen Statisten
war so geringe, daß auch der umsichtigste Regisseur
nicht vermocht hätte, die Vorschrift des Dichters in
Ausführung zu bringen. In diesem kritischen Moment
flog ein zündender Gedanke durch das Gehirn des
Direktors. Er sandte seinen Theatermeister und dessen
Gehülfen auf die Straße, die umherstreifenden großen
und kleinen Müßiggänger aufzufordern, unter dem Versprechen eines freien Entrée's die Rolle eines begei-
sterten Hamburgers zu spielen. Gesegnet war der Er-
folg und ein toller Schwarm halb verlumpter, halb
verwegener Gesellen tobte mit einem Ohren betäuben-
den Geschrei auf den Brettern umher. Keine noch so
raffinirte Regie, kein noch so erfahrner Garderoben-
meister hätte einen in allen Beziehungen ausdrucksvol-
lern Pöbelhaufen abrichten und einkleiden können, als
ihn hier der Zufall wie von selbst in Scene setzte.

Die Abendstunde brach an. Die große Glocke in
dem Holzgerüste neben der Theaterbude verkündete die
fünfte Stunde. Das war der Anfang der Vorstellung,
die sich um einige Minuten verzögerte, weil das schau-
lustige Publikum im Zuströmen begriffen und die Ruhe
in dem Zuschauerraum noch lange nicht hergestellt war.

Frau Rosmarin, welche die Göttin Hammonia

7 *

vorzustellen hatte, erschien in einem langen weißen Ge=
wande. Ein goldschimmerndes Diadem schmückte die
Stirn und auf der Brust prangte das Wappen der
Stadt. Nicht zufrieden mit diesen originellsten aller
Götter=Attributen, näherte sich ihr der Requisitenmeister
und drückte ihr mit einem vielsagenden Blick einen
Merkurstab in die Hand, um dadurch anzudeuten, daß
Merkur der Gott der Kaufleute sei und er daher seinen
Stab der Frau Hammonia gern als einen gebietenden
Zepter überreiche.

Unter den freiwillig und unfreiwillig zum Comö=
dienspiel Entbotenen war auch Jan. Wie ein Träumen=
der ging er, wohin man ihn schob. Die Dämmerung,
welche auf der Bühne und hinter den Coulissen herrschte,
übten eine seltsame Herrschaft über ihn aus. Die
mannigfachen hier und dort angebrachten Verzierungen
und Transparente erweckten in ihm die wunderbarsten
Vorstellungen. Alles war ihm fremd und nur mit
einer gewissen Scheu näherte er sich den ihm unbekann=
ten Gegenständen.

Da wurde es lichter auf der Scene. Der Hin=
tergrund der Bühne, bis dahin finster, glänzte hell und
Jan schrie laut vor Entzücken. Auf den papiernen
Wellen wiegte sich das Modell eines großen Dreimasters.

Mit leuchtenden Augen musterte er den ihm wohlbe=
kannten Gegenstand. Aber eben so rasch umwölkte sich
die Stirn und mit dem Rufe: „Der Wimpel ist un=
klar!" war er am Bord und begann den großen Mast
zu erklettern.

Das leicht zusammengezimmerte Modell gerieth in
ein bedenkliches Schwanken. Der Theatermeister schrie
um Hülfe und warf dem kecken Burschen die zusammen=
geballte Mütze nach. Der Zimmergesell, welcher dies
Kunstwerk geschaffen, schwur, dem Enterer den Hals
umzudrehen, während der Direktor mit seiner Don=
nerstimme befahl, den Vorhang nicht eher aufzuziehen,
bis der Scandal beseitigt sei. Aber zu spät. Das
Zeichen war gegeben und das versammelte Publikum sah
den mit Flaggen verzierten Dreimaster, dessen Groß=
mast ein strammer Schiffsjunge bevölkerte, was einen
anwesenden Steuermann zu der Bemerkung veranlaßte,
daß das Schiff wohl mit Nächstem in See gehen
werde.

Mit großem Wohlbehagen blieb Jan auf seinem
Platze. Der Wimpel konnte nicht geklart werden, denn
es war kein natürlicher, sondern ein gemalter, den die
Unkenntniß des Künstlers in diese schiefe Stellung
brachte. Jan's Augen waren überall und wenn die

auf den Brettern versammelte Menge ein Hurrah an-
stimmte, erklang sein Rufen über alle Andern hinaus.

Da nahte die Katastrophe. Frau Rosmarin hatte
das triumphirende Hamburg drei Mal hochleben lassen
und sollte nun das Schiff zur bevorstehenden Glücks=
fahrt einsegnen. Jan sah, wie sie sich ihm näherte und
es däuchte ihm, als habe er eine Erscheinung. Das
Gesicht war ihm bekannt und doch erinnerte er sich
nicht, daß er es vorhin auf der Straße gesehen hatte.

Plötzlich verbreitete sich ein heller Schein. Es
war die Glorie, welche die Hammonia bei ihrem Se=
genswerke umstrahlen sollte, und der Haupttreffer des
Abends. Das Publikum jubelte auf und klatschte
Beifall, als die Katastrophe eintrat. Der Beleuch=
tungs=Apparat ward nicht sorgfältig genug gehandhabt.
Der wehende Schleier der Hammonia fing Feuer und
ein Ruf des Entsetzens füllte das Haus. Kreischend
stoben die Mitspielenden auseinander, um nicht auch
von der Flamme erfaßt zu werden. Hammonia schwebte
in der äußersten Gefahr.

„Hurrah! rief Jan und rutschte am Mast herab.
Von dem Gerüst auf die Bretter, den brennenden
Schleier ergreifen und abreißen, die Funken austreten
und einen in der Nähe stehenden Eimer Wasser dar=

über ausgießen, war nur ein Moment. Er hielt die
zitternde Frau in seinen Armen, die ihn freundlich an=
blickte und leise sagte:

„Schon zum zweiten Male hilfst Du mir heute,
Du liebes Kind! Habe Dank! Tausend Dank!"

Das triumphirende Hamburg endete ohne ein
erleuchtetes Schlußtableau. Die Zuschauer verliefen
sich, als der Direktor seine Entschuldigung angebracht
und versichert hatte, daß die betreffende Künstlerin un=
verletzt sei. Dann aber näherte er sich der Gruppe
und sagte, dem Knaben auf die Schulter klopfend:

„Brav, mein Söhnchen. Du sollst bedankt sein
und wenn Du Morgen wieder vorsprichst, will ich es
Dir gedenken.

Frau Rosmarin sagte nichts. Aber sie küßte
den Knaben und weinte still vor sich hin.

Jan war draußen. Er wußte nicht, wo er sein
Haupt niederlegen sollte, aber sein Herz schlug mächtig
und die ganze Welt war sein.

Eine Mutter ohne Sohn.

Frau Rosmarin war an jenem Abend in großer Aufregung heimgegangen. Nur mit Anstrengung gelang es ihr, die steilen und schmalen Treppen zu ersteigen.

Direktor Veltheim, der geistreiche Erfinder des triumphirenden Hamburgs, hatte die auch jetzt noch nicht erloschene Gewohnheit, von seinen Mitgliedern Vieles zu fordern und ihnen möglichst wenig zu gewähren. Die Gage erlaubte den Schauspielern nicht, ein eigenes Quartier zu beziehen. Sie sahen sich genöthigt, wie man es in Hamburg nennt, bei Jemandem einzuwohnen.

Frau Rosmarin herbergte bei einer alten Nätherin vier Treppen hoch, in einem finstern, winklichen Hause. War die Wohnung selbst schon unheimlich, wurde sie

es durch die Wirthin noch mehr. Es war eine alte
schweigsame Person, die mürrisch und abergläubisch war
und über deren Zunge selten oder nie ein heiteres
Wort schlüpfte. Wenige hätten bei derselben Stand ge=
halten, allein Frau Rosmarin kam mit ihr aus. Das
düstere Wesen derselben harmonirte vielmehr mit ihrer
eigenen Stimmung und es fand zwischen Beiden eine
gewisse Sympathie statt, die sich besonders kund gab,
wenn die Wirthin, die düster brennende Lampe vor
sich, am Tische saß und ein verbrauchtes Spiel Karten
aus der Tasche zog.

„Was will Sie beginnen, Jungfer Mewes?" fragte
die Rosmarin, die sich nahe dem Herde gesetzt hatte,
auf welchem ein Torffeuer glimmte, welches eine
nothdürftige Wärme um sich verbreitete. Das Wetter
hatte sich gegen den Abend auffallend verändert. Re=
genwolken hingen dicht und schwer herab und der
Sturm flog heulend um die hohen und spitzen Giebel,
daß sie leicht erzitterten und Funken und Asche von
dem Herde aufwirbelten, wenn der Wind in den
Schlot hinabfuhr.

„Was will Sie beginnen, Jungfer Mewes?"
wiederholte die Schauspielerin, als auf ihre Frage

keine Antwort erfolgte. „Sie soll mir nicht wahrsagen,
heute nicht. Ich kann nichts hören in meinem aufge=
regten Zustande. Hört Sie mich? Sie soll nicht!"

Es schien fast in dem Ton zu liegen, womit diese
Worte gesprochen wurden, als sollten sie das Gegentheil
von Dem bedeuten, was sie ausdrückten. Ihre Augen
hefteten sich fest auf die Karten und Unruhe im ganzen
Körper deutete an, daß sie den Augenblick nicht er=
warten könne, wo die Weissagung beginne. Allein
Jungfer Mewes ließ sich nicht stören. Sie wandte
die Augen nicht von der obersten Karte ab, als ob
sie aus derselben etwas ganz Absonderliches lesen wollte,
und hielt die Lippen fest verschlossen, als fürchte sie,
daß ein unbedachtes Wort denselben zur Unzeit ent=
schlüpfen könne.

„Sie weiß nicht, was mir geschehen ist!" sagte
nach einer weiteren Pause die Schauspielerin. „Die
Flamme faßte nach mir und ich war nahe daran, zu
verbrennen."

„Hier ist auch ein Feuer," sagte Jungfer Mewes,
eine Karte umschlagend, aber das Feuer verwandelt
sich in eitel Gold."

„Gold!" wiederholte die Schauspielerin. „Hätte
ich es, ich würde meinen Rettungsengel damit schmücken!

Hört Sie es, Jungfer Mewes? Meinen Engel, der vom Himmel herab kam, um mich dem Feuertode zu entreißen."

„Das habe ich Ihr schon vor acht Tagen prophezeit, daß Sie noch ein Mal lichterloh brennen würde. Damals lachte Sie laut auf und ich warf die Karten hin, weil Ihr Unglaube mich erboste, sonst hätte ich den Engel auch noch gefunden."

„Das liebe Kind! Ich weiß wohl, daß es kein rechter Engel war, allein ich nenne ihn so. Was für treue Augen hatte er! Und diese Ringellocken! Jungfer Mewes, die Augen gingen mir über, als ich ihn an mich zog und sein Herz schlagen hörte."

„Still!" gebot die Wahrsagerin. „Hier ist ein Engel. Sieht Sie diesen Buben? Aber er wird groß und stark. Er geht an Bord eines Schiffes und fährt über das öde Wasser, weit weg, dahin, wo der Welt Ende ist."

„Lasse Sie ihn fahren, so weit er kann. Ich sehe ihn doch leibhaftig vor mir stehen."

Jungfer Mewes stocherte die Lampe auf, damit sie heller brenne, legte eine Karte neben der andern und schüttelte stillschweigend den Kopf. Plötzlich schrie sie laut:

„Da ist er wieder!“

„Wer?“ fragte die Schauspielerin aufschreckend.

„Der Engel. Er ist schon ganz nahe bei Ihr. Aber der kleine Engel ist ein stattlicher Herr geworden, und hat einen bunten, gestickten Rock an.“

Frau Rosmarin lächelte schmerzlich: „Wenn das Glück mit ihm ist, wird er nicht in mein Haus treten. Das ist immer vor meiner Schwelle umgekehrt.“

„Diesmal kommt er,“ sagte Jungfer Mewes zuversichtlich. „Und er kommt nicht allein, sondern er bringt Ihr etwas mit.“

„Und was wäre das?“

„Einen Liebhaber!“ entgegnete die Wahrsagerin rasch. „Einen stattlichen, vornehmen Herrn. Und einen Brautschatz schleppt er hinter sich her, der flimmert und glänzt, daß Einem das Herz im Leibe lacht.“

„Die Karten lügen!“ rief die Schauspielerin aufspringend. „In's Feuer mit ihnen!“

Sie streckte Hand darnach aus, allein Jungfer Mewes umkrallte sie so fest mit den Fingern, daß man ihr dieselben nicht zu entreißen vermochte. Dabei wurde sie gar ingrimmig und sich der Schauspielerin gegenüber stellend, die Arme in die Seiten gestemmt, sagte sie giftig:

„Das ist nun zum zweiten Male, daß Sie mein Spiel stört und mir diesen Schatz rauben will. Wenn es zum dritten Male geschieht, kündige ich Ihr den Vertrag und lasse Sie ziehen. Sie mag dann sehen, wo Sie für wenige Schillinge Kost und Herberge findet. Das Schauspielervolk thut immer so stolz und aufgeblasen, als ob es etwas Rechtes wäre, und es giebt sich doch kein ehrliches Christenmensch mit ihnen ab. Wo will Sie denn hin, wenn ich Ihr die Thür verschließe?"

Frau Rosmarin empfand die Wahrheit dieser Worte und es fiel ihr schwer auf's Herz, daß die Erzürnte die ausgestoßene Drohung zur Wahrheit machen könne. Zugleich fühlte sie die Demüthigung, von den Launen einer zänkischen alten Jungfer abhängig zu sein und ein Gefühl der Bitterkeit bemächtigte sich ihrer. Aber sie bekämpfte die aufsteigende Wallung und der Jungfer Mewes die Hand reichend, sagte sie:

„Trage Sie es mir nicht nach. Ich werde mich für die Zukunft besser beherrschen."

„Das rathe ich Ihr, um Ihrer Selbst willen. Wenn man nicht die Macht hat, aufzutrumpfen, muß man auch nicht den Willen dazu haben."

Sie würde milder sein, wenn Sie wüßte, wie sehr dieses Herz gequält und gefoltert ist und was ich litt und duldete, bis zur gegenwärtigen Stunde. Ich muß ihm Luft schaffen von Zeit zu Zeit, wenn es nicht zerspringen und die namenlosen Qualen bis in das Unendliche mehren soll.“

„Dann werfe Sie die Last von sich, welche Sie drückt. Das Geheimniß weckt die Neugier, aber keine Theilnahme. Sie hat schon oft solche Worte aus= gestoßen, allein wenn man fragte nach dem Warum und Weshalb, ist Sie stumm geworden und hat nicht mehr Laute von sich gegeben, als der hölzerne Tisch da, der doch noch knarrt und pfeift, wenn man an das wackelige Gestell rüttelt. Schweige Sie also ganz und gar, oder mache Sie den Mund rechtschaffen auf und lasse Sie hören, warum Ihr Herz beklemmt ist und nicht zum Schweigen gebracht werden kann.“

„Ja, ich will reden!“ entgegnete Frau Rosmarin rasch. „Ich habe noch nie so sehr darnach geschmachtet, mir durch Worte Luft zu machen, als in dieser Stunde. Sie soll mich hören und erfahren, wie die frische Maienblüthe zur trauernden Rosmarin gewor= den ist.“

Es war die geeignete Stimmung für eine Mit=

theilung solcher Art. Der Sturm steigerte sich und warf die schweren Regentropfen klirrend gegen die kleinen Scheiben. Die Dachsparren stöhnten unter der Wucht des heulenden Nordwest und klirrend flogen die losgerissenen Dachziegel auf das Straßenpflaster herab.

Die beiden Frauengestalten rückten nahe aneinander. Jungfer Mewes schob die Karten in die Tasche, schlang die Hände in Eins und saß unbeweglich auf ihrem Stuhl. Die Schauspielerin sprach und in der einsamen Dachstube entwickelte sich nach und nach Wort für Wort und Scene um Scene, die ganze Comödie des Pfarrers von dem Augenblicke an, da die Maienblüthe darin zuerst den Schauplatz beschritt, bis zu der Katastrophe, da Frau Janna Straußin mit ihr die Kellertreppe hinabstieg.

Jungfer Mewes hatte aufmerksam zugehört. Sie schauerte und indem sie sich fester in ihre wollene Schaube wickelte, sprach sie:

„Das ist eine rechte Comödiengeschichte. Aber da unten in dem Keller hat Sie es doch nicht lange ausgehalten? Wie ist Sie nur herausgekommen und wie viele Zeit war seitdem verstrichen?"

„Weiß ich es?" sagte Frau Rosmarin, und alle

Schrecken, welche sie in jener furchtbaren Zeit ausge=
standen, bebten in dem Ton ihrer Stimme wieder.

Die Fenster klirrten ärger als vorher. Jungfer
Mewes schauerte zusammen und sprach:

„Es ist wie am jüngsten Gericht!"

„Die Hölle war es, das jüngste Gericht kam
später!" entgegnete die Schauspielerin. „Als die Janna
Straußin meinen Arm mit ihren eisernen Fingern um=
krallte und die Kellertreppe hinunter zerrte, glaubte ich
schon zu sterben. Gott war nicht so barmherzig, mir
diese Gnade zu gewähren. Ich mußte leben; leben und
büßen. Das rief sie mir zu, als sie mich in das dunkle
Loch stieß und die Thür hinter mir in's Schloß warf."

„Wie lange ich dort gelegen, ehe mir die Be=
sinnung wieder kam, ich weiß es nicht. Ich schrie vor
Angst und Entsetzen laut auf, aber Keiner hörte mich,
oder wollte mich hören. Ich jammerte und klagte,
bis mir die Stimme versagte und ich willenlos ver=
stummte. Oben, so hoch, daß meine Hand es nicht
erreichen konnte, war eine Oeffnung, durch welche ein
schwaches Dämmerlicht drang, wenn es gerade Tag
war. Aber der Wind pfiff hindurch und blies mich
mit seinem kalten Hauche an. Durch einen Schieber
in der Thür wurde mir Brod und Wasser gereicht.

Wie oft, weiß ich nicht; aber für einen Tag war es zu lang. Wenn neuer Vorrath kam, war der alte längst verzehrt und Hunger und Durst quälten mich noch mehr, als der Frost. Und doch fror mich sehr, denn ich hatte nur dürftiges Stroh zum Lager. Meine Kleidung war auf der langen Wanderung zerrissen und keine Decke hatten sie mir hingelegt, um die erstarrten Glieder darin zu hüllen. Da einmal, als der Schieber in der Thür sich öffnete und der Wasserkrug hineingereicht wurde, überwand ich mich und rief um Erbarmen. Bisher war mein Kerkermeister stumm gewesen. Nie vernahm ich einen Ton. Auch jetzt folgte keine Antwort, sondern nur ein heiseres Lachen, das mir durch Mark und Beine fuhr. Ich kannte dieses Lachen. Es gehörte der Altmagd Martha, eine der Brauermägde, die voll Grimm für mich erfüllt war und mich haßte, weil ich einmal im jugendlichen Uebermuth sie um ihrer Häßlichkeit willen verspottete. Ich, die schöne Christine, nannte das Scheusal einen häßlichen Drachen. Ich nannte sie einen Mistkäfer, der sich auf eine Rose zu setzen wagte. Sie trug es mir nach und jenes Lachen sagte mir, daß sie es noch nicht vergessen hatte. Jetzt schwand die letzte Hoffnung. Ich bat Gott um die Gnade, mich sterben zu lassen. Ich wollte keine Freiheit, kein Leben, nur den Tod."

„Ich fühle es mit Ihr, daß man in solcher Lage nach dem Tode rufen kann!" sagte Jungfer Mewes bewegt.

„Mit Seelenangst rief ich den Tod, allein er kam nicht. Vielmehr regte sich ein neues, junges Leben in mir. Ich will es Ihr nicht beschreiben, was ich nun empfand. Ich kann es auch nicht, denn ich erinnere mich an nichts, was in jenen entsetzlichen Stunden mit mir vorging. Ich weiß nur, daß ich aus einem dumpfen Traum zu unsäglichen Schmerzen aufschreckte und ein neugebornes Kindlein in meinen Händen hielt."

„Allmächtiger Gott!" schrie Jungfer Mewes auf.

„Das rief ich auch und war nahe daran, den Verstand zu verlieren, als das arme Geschöpf schrie und mit seinen Klagetönen mein Herz zerriß. Wüste Gedanken erwachten, vor denen ich erbebte. Es war, als ob mir Jemand ein spitzes Messer mitten durch das Herz stieß. Da rüttelte es an der Thür und die widerliche Stimme der Altmagd fragte: „Was ist da drinnen los, Sie garstige Person?" Es war um die Zeit, da man mir mein Brod und meinen Wasserkrug

zu bringen pflegte und sie hatte bei dem Oeffnen des
Schiebers das Wimmern des Kindes vernommen. Ich
rang nach einer Antwort; umsonst. Die Worte woll=
ten nicht über die Zunge. Sie wartete auch meine
Antwort gar nicht ab, sondern entfernte sich, so schnell
sie konnte, nicht langsam und gemessen, wie sonst ge=
schah, um mich mit ihrem schlürfenden Gang zu höhnen;
denn so lange ich sie hörte, regte sich immer etwas,
wie ein banges Hoffen in mir, sie könne umkehren
und mich erlösen. Erst wenn es wieder ganz still war,
kehrte die düstere Verzweiflung zurück."

Jungfer Mewes sagte nichts. Aber die Furcht
malte sich in ihren Zügen und mit Beben sah sie auf
die bleiche Frau am Herdfeuer.

„Nun weiß ich nichts Gewisses mehr," fuhr Jene
nach einer Pause fort. „Ich erinnere mich nur noch dun=
kel, daß es um mich summte, wie ein verworrenes Ge=
spräch, doch habe ich kein Wort davon behalten. Ich
habe es vor meinen trüben Augen flimmern sehen,
wie Licht, allein es schwand, wie ein Blitz und war
dann dunkler, als zuvor. Als ich mein Bewußtsein
wieder erhielt, fand ich mich auf einem Bette wieder.
Es war derselbe dunkle Keller, in welchem ich athmete,
allein die Barmherzigkeit hatte mir dies Lager gegönnt

8*

und ich war von dieser einen Wohlthat so erfüllt, daß ich meine Peiniger segnete. Aber mit dem Bewußtsein kehrte auch die Erinnerung wieder und mit dem Schrei: „Mein Kind! Mein Kind!" stürzte ich gegen die Thür. Hatte mein Kerkermeister auf diesen Schrei gewartet, oder war es Zufall, daß sie gerade gegenwärtig war. Die Martha beantwortete mein verzweiflungsvolles Rufen mit ihrem teuflischen Lachen und sagte: „Dein Kind ist Dir genommen und soll in der Furcht des Herrn, in Gebet und Armuth auferzogen werden, um die Sünden der Mutter zu büßen. Du wirst es niemals wiedersehen."

„Das ist schrecklich! Was hat Sie Aermste erdulden müssen!"

„Keine Zunge mag es verkünden; auch die meinige nicht. Die Schreckensworte jenes Weibes klingen noch immer in meinem Herzen wieder. Es waren zugleich die letzten, welche ich von ihr vernahm. Auch weiß ich sonst nichts von mir zu sagen. Ich war stumpf geworden und vermochte nichts zu denken, noch zu thun. So gewohnt war ich meine tödtliche Einsamkeit, daß ich vor Schreck zusammen fuhr, als eines Tages der Schieber sich öffnete und eine Stimme, die mir fremd

erklang, rief: „Ist noch ein lebendes Wesen hier, oder
komme ich zu spät?"

„Der Rettungsengel!" rief Jungfer Mewes
laut auf.

„Die böse Martha war plötzlich gestorben. Der
Schlag hatte sie gerührt. Sie hatte eine Verwandte
in das Haus gebracht und sie unter Vorspiegelung gro=
ßen Lohnes zu ihrer Gehülfin abgerichtet. Die junge
Dirne war schlau und gelangte in den Besitz des Ge=
heimnisses. Ihr redliches Herz empörte sich, allein sie
schwieg, um desto sicherer einer Unglücklichen beizu=
stehen. Da trat der Todesfall ein und mein entsetz=
liches Loos wendete sich. Die junge Magd setzte sich
zu mir nieder und erzählte mir Alles. Sie brachte
mir nahrhafte Speise und trug mir alte Kleider zu,
um meine Blöße zu decken. Ich küßte weinend ihre
Hände und fragte mit unterbrücktem Schluchzen nach
meinem Kinde. Sie wußte nichts davon. Es war
wieder die alte Nacht. Da öffnete sich nach einiger
Zeit die Thür meines Gefängnisses. Meine Retterin
erschien und flüsterte mir zu: „Die Stunde der Ver=
geltung bricht an. Euere Muhme, die Frau Janna
Straußin ringt mit dem Tode, aber sie kann nicht
sterben. Das böse Gewissen martert sie. Geht hinauf

zu ihr und predigt ihr Buße. Der Weg ist frei." Ich
erhob mich und stand auf meinen Füßen. Sie schmerz=
ten, so wenig waren sie gewöhnt, die geringe Last zu
tragen. Auf der Treppe war die Lampe stehen ge=
blieben. Ich folgte ihrem Schimmer und stieg mit
unsäglicher Mühe hinauf. Als das volle Licht des Ta=
ges meine Augen traf, stand ich, wie geblendet. Erst
allmählich gewöhnte ich mich daran. Ich erkannte die
große Diele, an deren Ende die Schenkstube lag, wo
die Biergäste verkehrten. Mein Erscheinen rief ein
allgemeines Erschrecken hervor. Man floh vor mir
und weckte mit wüstem Geschrei die Aufmerksamkeit der
Andern. Keiner wagte es, mich anzurühren, allein mit
einer Mischung von Furcht und Neugier folgten sie
mir, als ich die Treppe hinauf ging. Ich hatte mich
wiedergefunden und wußte, wohin ich mich wenden
müsse, um zu meiner Quälerin zu gelangen. Die
Magd, welche mir zur Freiheit verholfen, stand vor
ihrer Thür. Sie öffnete diese und entfernte sich, ohne
die Leute, welche mir gefolgt waren, zurückzuweisen. Da
lag das böse Weib, bleich, abgezehrt, vom Fieber ge=
schüttelt. Die Krankheit hatte den bösen Zug, der ihr
Inneres wiederspiegelte, nicht aus dem Gesicht getilgt;

er trat nur noch schärfer hervor. Sie fuhr bei meinem Eintritt auf und rief:

„Wer ist da?"

„Ich bin es! Christine Ramke, Deines jüngern Bruders Kind, die Du verderbt hast und die jetzt erscheint, um Rechenschaft zu fordern."

„Hülfe! Hülfe!" schrie sie laut auf.

„Hier ist Niemand, der Dir zu Hülfe kommt," entgegnete ich. „Dein Verbrechen ist so groß, daß Keiner Erbarmen mit Dir hat und Dir eine helfende Hand reicht."

„Willst Du mich tödten?" fragte sie erschreckt und hüllte sich in ihre Decke.

„Ich will Dich anklagen vor Gott und Menschen, daß Du mir ein ganzes Leben gestohlen hast und mich in dunkler Haft gefangen hieltest, ich weiß nicht, wie lange. Du hast mich in der Blüthe der Jugend gemordet, hast mir ein ganzes reiches Leben gestohlen und das Pfand einer Ehe, die Du gewaltsam trenntest, von meinem Herzen gerissen."

Frau Janna Straußin seufzte schwer und suchte sich mit Gewalt aufzurichten, oder doch ihr Gesicht von mir abzuwenden, allein es wollte ihr nicht gelingen.

Sie stierte mich mit ihren glanzlosen Augen an und
ich rief ihr zu:

"Wo hast Du meinen Gatten hingelockt und in
welcher Hölle schmachtet er? Sage es, damit ich eile,
ihn daraus zu erlösen."

Sie blieb stumm. Der Schrecken der ersten
Ueberraschung wich und die Heimtücke, die dieses Weib
erfüllte, malte sich auf ihrem Gesicht:

"Dein Buhle ist todt!" rief sie mir zu. "Erst
wenn Du ihm folgst, ist die Familienschande begraben."

Mir aber war es, als rufe eine Stimme laut
und vernehmlich in mir: "Dein Kind! Unglückliche
Mutter, wo ist Dein Kind!" Und diese Worte mit
steigender Angst wiederholend, stürzte ich mich auf das
mich in meinem Jammer höhnende Weib, ich faßte sie
mit beiden Händen und wiederholte den Ruf: "Wo ist
mein Kind? Wo hast Du es gelassen?"

Sie stöhnte unter meinem Druck. Die Hausleute,
welche mir folgten, fürchteten das Entsetzlichste. Sie
rissen uns auseinander. Meine Kraft, die ich im vor=
hergehenden Augenblick auf das Aeußerste anspannte,
verließ mich. Machtlos sanken die Arme herab und
mit ermattender Stimme sprach ich:

"Weib! Vor Gott und Menschen beschwöre ich

Dich, ende diese Pein! Willst Du mir sagen, wo mein Kind ist?"

„Nein!" gab sie zur Antwort. „Nein!"

Und mit diesen Worten fiel sie zurück. Mit diesen Worten schwand auch meine Besinnung."

„Helf Gott!" stöhnte Jungfer Mewes und versuchte umsonst, die verlöschende Lampe wieder aufzustochern. „Macht ein Ende mit dieser gräßlichen Geschichte."

„Sie ist am Ende!" sagte die Schauspielerin. „Ich lag bewußtlos am Boden. Als ich meine Besinnung wieder erhielt, erfuhr ich, daß ich nach dem Hospital zum heiligen Geist gebracht wurde. Die Körperkräfte kehrten allmählich zurück. Der Doktor erklärte mich für genesen und ich wurde entlassen. Meine Füße trugen mich wieder, allein mein Geist war gebrochen und es dauerte lange, ehe ich eines klaren Gedankens fähig wurde."

„Lasse Sie mich das Feuer anfachen, Frau!" sagte Jungfer Mewes. „Mir wird bange in dieser Finsterniß."

Der Schwefelfaden fing Feuer an den glimmenden Funken in der Zunderbüchse. Eine Hand voll Hobelspähne flammte hell auf und warf einen röthlichen

Schimmer auf das bleiche Gesicht der Schauspielerin.
Diese sprach vor sich hin:

„Die frische Maienblüthe ist zum welken Ros=
marin geworden. Ich konnte keine Wiedervergeltung
üben, denn als ich zum Bewußtsein erwachte, war jenes
böse Weib gestorben und begraben. Lachende Erben
saßen in ihrem und meines Oheim Lorenz Häusern und
schwelgten in dem ihnen zugefallenen Gut. Sie lachten
über mich und meine Ansprüche. Sie schlugen mir
die Thür vor der Nase zu und die Gerichte wiesen
mich mit meiner Klage ab, denn ich konnte nichts bewei=
sen. Ich sei gesund, hatte der Doktor im Hospital
gesagt, als er mich gehen hieß. Der Blinde! Ich war
kränker, als jemals und erduldete Schmerzen, von denen
ich vorher keine Ahnung hatte. Trostlos irrte ich auf
der Straße umher. Ich hätte mitten in meiner reichen
Vaterstadt verhungern müssen, wenn nicht ein mitlei=
diger Schauspieler sich meiner in meinem Elend angenom=
men hätte. Er bot mir ein Obdach und nahm mich
mit zu der Truppe, welcher er angehörte. Und mit
ihm bin ich zuletzt hierher gelangt und athme in der
Heimath unter meinen Landsleuten, von denen Niemand
weiß, wer ich bin, als nur Sie allein."

Frau Rosmarin verstummte. Der Kopf senkte

sich auf die Brust herab. Die Augen schlossen sich. Der Schlaf bewältigte sie unwillkührlich.

„Ich will ihr einen warmen Trunk bereiten," sagte die Jungfer Mewes zu sich selbst. „Die Aermste! Was sie ausgestanden haben muß. Und wie sie das Alles vorzubringen weiß. Ich wäre nicht im Stande, das so zu erzählen."

Mit der Schaale voll dampfenden Warmbiers stand sie vor der sich eben Ermunternden und nöthigte mit gutgemeinter Hast zum Genuß:

„Sie muß gleich zur Probe. Es ist spät geworden und ich weiß, Sie läßt nicht gerne auf sich warten. Wird Ihr auch übel vermerkt von dem Direktor."

Frau Rosmarin leerte die Schaale, welche sie mit einigen Dankesworten zurückgab, und eilte nach dem Theater, wo eine Probe angesagt war. Sie erschien ziemlich früh und von den Collegen war noch Niemand anwesend. Aber Jan, der am Abend vorher die glimmenden Funken austrat und vielleicht ein großes Unglück verhinderte, tummelte sich bereits auf dem neuen Schauplatz umher und ließ sich von einem gutmüthigen Theaterarbeiter alle ihm unbekannten Dinge erklären. Frau Rosmarin erblickte den Knaben und rief ihn zu sich. Mit seinen hellen, lachenden Augen sah er zu ihr auf:

„Ich darf hier bleiben. Der Mann im braunen Rock mit den großen gelben Knöpfen hat es gesagt."

Ein Theaterarbeiter trat herzu und sagte ergänzend: „Herr Direktor Veltheim will dem Jungen, der uns gestern vor einem Unglück bewahrte, die Kost geben und ihn auf dem Boden schlafen lassen. Dafür soll er uns zur Hand gehen."

„Ja!" rief Jan. „Und Comödienspielen soll ich auch. Hurrah! Das wird eine lustige Geschichte werden. Auf dem Kopf stehen kann ich schon!"

Und im Fluge sich drehend, schoß er drei Purzelbäume hinter einander.

„Das ist gut, mein Söhnchen!" sagte Frau Rosmarin, als sie den Knaben glücklich zum Stehen gebracht hatte. „Ich werde Dich dann oft sehen und für die Dienste danken, die Du mir leistetest. Ich mag nicht daran denken, was ohne Dich aus mir geworden wäre."

„Ich sollte Sie doch nicht verbrennen lassen?" fuhr Jan auf. „Mir hat es nichts geschadet und das Bischen Haut, welches hier abgeschrammt ist, wird schon wieder wachsen."

Frau Rosmarin ergriff seine Hand und entdeckte eine nicht unerhebliche Verletzung. Sie nahm ihr

Taschentuch, um ihn zu verbinden. Er schien es gern zu haben und sagte freundlich:

„Das thut mir wohl. Hier ist es besser, als heute Nacht auf der Straße."

Die Schauspielerin gedachte des entsetzlichen Wetters zur Nacht und fragte erschrocken:

„Du warst draußen?"

„Wo denn sonst? das Thor war geschlossen und nach dem Grasbrook in die Herberge konnte ich nicht mehr. Als es regnete, hockte ich unter einem Keller= schauer und als es Tag wurde, ging ich hierher, wo ich nun bleibe, bis sie mich nicht mehr haben wollen."

„Ich werde Dich gerne hier sehen!" sagte Frau Rosmarin. „Sind denn aber die Deinigen damit zu= frieden?"

„Die Meinigen?" fragte Jan und sah sie mit seinen großen Augen an. „Was sind das für welche?"

„Was sind das für welche?" wiederholte sie un= willkührlich. „Du armes Kind weißt nicht . . . So hast Du denn keinen Vater und keine Mutter?"

„Ich bin ganz allein!" entgegnete Jan. Die alte Möllern will mich nicht mehr und meine Zeit in Vater Pfingstmeier's Schenke ist heute auch abgelaufen. Nun habe ich Niemand."

„Du bist eine Waise," sprach sie. „Eine Waise, wie ich es war. Aber Du bist doch frei, und schmach= test nicht in Ketten und Banden."

„Nein, gebunden hat mich Keiner. Sollte es nur Einer probiren, dem wollte ich . . ."

Er nahm eine drohende Stellung an. Frau Ros= marin sah ihn lächelnd an und sagte:

„Von einem Bande kannst Du Dich immer hal= ten lassen. Es ist das Band der Dankbarkeit, welches mich an Dich fesselt. Du hast keine Mutter; ich bin ein armes, kinderloses Weib. An dieser Brust soll Dir ein neues Leben erblühen."

Sie zog ihn an sich. Jan schlang seine Arme um sie und sagte leise:

„Ach Gott! Ach Gott! Ich weiß nicht, was es ist, aber mir quellen die Thränen aus den Augen. Halte Sie mich fest; ich will bei Ihr bleiben und Alles thun, was Sie haben will."

Sie legte ihre Hand segnend auf sein Haupt.

Ein blauer Mohrenkönig.

Das alte Jahr war geschieden; das neue brach
an. Es brachte einen gelinden Frost, der mit der
Stunde wuchs und die Elbe mit Eis belegte, so daß
man bald von Harburg bis nach den Vorsetzen und
vom Grasbrook bis nach Blankenese trocknen Fußes über
dem Strom setzen konnte, bis endlich eine breite Fahr=
straße sich bildete, auf welcher die Schlitten hin und
her flogen und die schwer beladenen Frachtwagen ihren
Paßgang antraten.

„Nun kommen die heiligen drei Könige!" sagte
ein Moorburger Milchbauer, der neben seinem Nachbar
herging. Die schwere Tracht lastete auf der Schulter,
woran die rothangestrichenen Milcheimer hingen. „Ge=
wiß kommt solches Volk auch zu uns herüber. Sie
haben es dieses Jahr leicht, denn die Elbe ist fest."

„Wenn sie auf meinen Hof kommen," gab ver=
drießlich der Nachbar zur Antwort, „schlage ich ihnen
die Thür vor der Nase zu und hetze den Hund auf sie.
Sultan, faß!"

„Laß den Sultan nur still liegen; sie sind noch
nicht da!" sprach der Erste. „Du bist immer vorweg
und giebst nachher klein bei. Es sind doch schnackische
Jungen, wenn sie von Haus zu Haus ziehen und singen:

> Die heiligen drei Könige mit ihrem Stern,
> Sie essen und trinken, aber zahlen nicht gern!"

„Das muß wahr sein. Hinein schlingen können
diese Burschen, was ihnen vor Augen kommt und wenn
sie endlich satt sind, wollen sie noch ein Stück mit auf
die Reise haben. Und wäre es damit noch gethan.
Aber das Umhertreiben führt zum Müssiggang und
hernach wird ein Cord Detjens daraus."

„Cord Detjens? Was ist das für Einer?"

„Er war eines stillen Mannes Sohn aus Moor=
werder, der nach Hamburg zu einem Schlachter in die
Lehre kam. Statt bei seinem Handwerk zu bleiben,
legte er sich auf die lüderliche Seite, spielte bald den
Balthasar, bald den Kaspar, als ob es so sein müßte,
und kam nach und nach so herunter, daß er ein ganz
gemeiner Trunkenbold ward. Sie nannten ihn einen

Branntweinschlauch und alle Welt kreuzte und segnete sich, als es hieß, der Cord Detjens ist bei lebendigem Leibe verbrannt und Nichts als eine Hand voll Asche von ihm übrig geblieben."

„Gott bewahre uns in Gnaden, was erzählst Du für schreckliche Geschichten. Auf dem Rückwege gehe ich allein, oder hänge mich an die Metta Schlütersch; die hechelt doch nur die Alten durch und läßt die Kinder in Ruhe. Man sieht und hört doch gleich, daß Du nichts Kleines zu Hause hast."

Die Männer trennten sich, als sie die Landungsbrücke am Grasbrook erreichten, und gingen hierhin, dorthin.

Es war lebhaft auf den Straßen. Die Sonne stand im Mittag und die Geschäfte des Tages waren im vollsten Gange. Auch auf dem großen Neumarkt wogte es die beiden Steinwege entlang und mehrere Knaben, die sich dort umhertrieben, hatten nicht so freien Spielraum, als sie sonst sich denselben wünschen mochten. Auf einen Platz zusammengedrängt, standen sie, einen Kreis bildend, und schienen ernste Berathungen zu pflegen.

„Das ist nun ausgemacht!" sagte einer von ihnen,

daß wir wieder die heiligen drei Könige vorstellen, und in der Stadt umherziehen."

„Ja! Ja! Das ist ausgemacht!"

„Gut! Und Jeder muß etwas dabei vorstellen. Jan Thiemer, Du kriegst den König Melchior."

„Den kriege ich. Die goldene Papierkrone habe ich noch vom vorigen Jahr und aus der Mutter ihrer bunten Schürze mache ich mir einen Mantel.

„Und ich bin der Balthasar," sagte Jan Bremer. Balthasar trägt das Zepter und ich will damit tüchtig um mich hauen! Wer will Kaspar sein?"

„Ich! Ich!" riefen mehrere Stimmen.

„Einer ist genug. Jan Lorenzen, Du hast zuerst geschrieen: Ich! Du sollst den Stern tragen und in die Mitte gehen, aber Du mußt Dir das Gesicht auch schön schwarz färben."

„Nein, das thue ich nicht! Meine Mutter leidet es nicht und der Vater würde mir tüchtig den Kopf waschen, wenn ich es dennoch thäte. Bleibt Ihr nur für Euch; ich gehe zu den Andern."

Jan Lorenzen lief davon. Die Krone des König Kaspar wurde ausgeboten, sammt dem Stern, allein Keiner wollte sie. Es hatte sein Mißliches mit dem schwarzen Gesicht. Wenn der Spieler seiner Sache nicht gewiß war, wurde er selbst gehänselt, statt Andere zu hänseln und sein Rücken mußte für die Zeche einstehen.

Der Leiter dieser Berathung wollte schier verzweifeln ob all' der Fehlschläge und rief desperat:

„Weiß denn Keiner einen Kaspar aufzufinden?"

„Ich weiß Einen!" hieß es.

„Wen weißt Du?"

„Jan, das Kostkind!" war die Antwort.

Die Meisten erinnerten sich vom Herbst her des Genossen, der ihre Schlangenkette zerriß, und den sie fortjagten, weil er keinen andern Namen hatte, als Jan.

„Den Comödiantenjungen?"

„Der keinen Namen hat?"

„Er kriegt ja einen und heißt dann Jan Kaspar. Nehmt ihn nur. So ein Comödiantenjunge ist es gewohnt, Püffe zu kriegen. Auch kann er sonst tüchtige Faxen machen und bringt die Leute so zum Lachen, daß sie uns einen Schilling extra geben."

Die Uebrigen willigten zögernd ein. Als sie endlich einig waren, den Jan bei sich aufzunehmen, fiel ihnen plötzlich ein, ob der Junge denn auch von ihnen aufgenommen sein wollte. Daran hatte noch Keiner gedacht.

Zwei wurden abgeordnet. Sie erhielten Befehl, mit List in die große Bude zu bringen und den Jan herbeizuschaffen.

Ueberraschend schnell fanden die Ueberbringer einer königlichen Würde und Bürde ihren Kandidaten und trugen ihm ihre Wünsche vor. Jan hörte sie gelassen an und sagte darauf:

„Ihr habt mich geschlagen und gestoßen und mich verhöhnt, wenn Ihr mich von weiten sahet, weil ich ein armer Junge bin, der keine Aeltern hat. Jetzt, wo Ihr mich brauchen könnt, seid Ihr freundlich und wißt nicht, was Ihr sagen sollt, um mir nach dem Munde zu reden. Nun wäre es meine Sache, aufzu= trumpfen und Euch die Wege zu weisen. Aber ich will es nicht thun, sondern Euch zeigen, was ich hier bei den Comödianten gelernt habe. Einen König will ich Euch spielen, der sich gewaschen hat, wenn auch das Gesicht schwarz ist. Morgen früh, wenn es draußen auf dem Holzgerüste neun schlägt, komme ich zu Euch heraus.“

Damit entfernten sich die Abgesandten und melde= ten, daß Alles in Ordnung sei, wobei sie jedoch ver= schwiegen, daß der Jan sie tüchtig abtrumpfte, bevor er die dargebotene Würde annahm.

„Morgen früh um neun!" hieß es, und diesen Worten folgte der Aufbruch.

———

Frau Rosmarin saß in dem Verschlage, den man in dem Veltheim'schen Theater die allgemeine Garderobe nannte, und machte sich mit Jan zu schaffen.

„Stehe doch still, Junge!" rief sie ihm zu, dem vor Ungeduld die Sohlen unter den Füßen brannten. „Ich werde ja nicht fertig, wenn Du nicht ruhig bist."

„Ja, Mütterchen!" entgegnete er. „Jetzt darf ich doch sagen, Mütterchen? Es ist Keiner hier, der es hört und über Euch und mich lacht."

„Du darfst es auch sagen, wenn Jemand da ist, der es hört, Söhnchen," entgegnete sie. „Ich frage Nichts darnach, wenn sie über mich lachen. Mir thut es wohl, wenn Du mit Deiner lieben Stimme das Wort aussprichst. So, mein Junge! Nun bist Du fertig. Ei, wie schaust Du prächtig darein und was für ein schmucker Herr König bist Du geworden. Die Andern werden Dich nicht auslachen, wenn Du so vor ihnen erscheinst. Sie werden die Köpfe zusammen= stecken und Dich beneiden. Da hängt ein Spiegel. Laufe hin und schaue hinein."

Jan that, wie ihm geheißen wurde. Er sah voll Staunen die Verwandlung, die mit ihm vorgefallen war, fiel dem Mütterchen um den Hals und eilte fort mit dem Rufe:

„Das müssen die Jungens draußen sehen! Sie warten schon auf mich!"

„Du mußt noch erst Dein Gesicht färben!" rief Frau Rosmarin ihm nach.

„Das kann nachher geschehen!" entgegnete er, rückgewendet. „Erst sollen sie mich sehen."

Die Frau sah ihm mit einem freundlichen Lächeln nach. In ihrem Herzen ging etwas vor; sie wußte nicht zu sagen, was. Aber es begann mächtig zu schlagen und eine Thräne glänzte in ihren Augen:

„So habe ich nun doch Etwas, woran ich mich hängen kann: Ein armes, verlassenes Kind, das ich in meine Arme schließe und über ihm alle Liebe ausgieße, deren ich fähig bin. Arm und verlassen, wie jenes Kind in der Welt umherirrt, dem ich das Leben gab, wenn die grausamen Räuber es nicht getödtet haben. Christine sei barmherzig gegen Dich selbst und gieb Dich nicht wieder diesen entsetzlichen Träumen hin. Du bist nicht mehr allein und hast Pflichten gegen ein unglückliches Geschöpf, das sich mit kindlichem Vertrauen an Dich schließt."

Jan kehrte von der Straße zurück und rief mit großer Freude:

„Mütterchen, da bin ich! Sie haben mich ange=
sehen und laut aufgeschrieen. Einige schauten mich auch
mit neidischen Augen an, voraus der Jan Thiemer, der
den König mit der Krone macht, und lange nicht so
hübsch aussieht, als ich. Wir wollen gleich anfangen
und ich will mir nur noch das Gesicht bemalen. Zu=
erst laufen wir den alten Steinweg ab und dann las=
sen wir uns bei'm Graskeller sehen."

„Gut, mein Söhnchen. Ich habe mein Verspre=
chen gehalten und Dir beigestanden. Jetzt gehe ich nach
Hause, um meine neue Rolle zu lernen. Gehe Du in
die Rumpelkammer zu dem guten alten Tamm. Ich
habe ihm schon Bescheid gesagt und er wird Dir bei'm
Malen behülflich sein."

„Ja, Mütterchen, das will ich thun. Komme gut
nach Hause und nimm Dich auf der dunklen Treppe in
Acht. Vater Tamm! Wo ist Vater Tamm?"

„Hier bin ich, Jungchen! Haben sie Dich zum
Mohrenkönig gepreßt? Eigentlich könntest Du bleiben
wie Du bist; denn Dein Gesicht ist schmutzig genug.

Da in dem Topf ist noch ein Restchen schwarzer Farbe.
Es ist doch schwarz, denke ich. Oder nimm den Topf,
der daneben steht. Das muß auch schwarz sein. Es
ist hier so dunkel, daß man kaum die Hand vor Augen
sieht, und in der Finsterniß soll man eigentlich kein
Menschengesicht anstreichen. Wir aber machen aus der
Noth eine Tugend. Steh still, Junge; ich thue Dir
nicht weh."

„Auf einen Puff kommt es nicht an," sagte Jan.
„Ich habe deren in meinem Leben genug bekommen.
Aber still stehen kann ich nicht. Es kribbelt mir in den
Fußsohlen. Sind wir nun fertig?"

„Ja, ja! Laß uns nun hinausgehen an das
Tageslicht und sehen, was wir für Arbeit gemacht
haben."

Der Alte trat, mit dem Jungen an der Hand,
auf den lichten Raum der Bühne. Ein Theaterarbeiter, der mitten im Wege stand, schlug die Hände zusammen und rief:

„Vater Tamm! Was habt Ihr aus dem Jungen
gemacht?"

„Einen schwarzen Morian!" entgegnete dieser.
Er kommt direkt aus dem Morgenland."

„Das ist kein Morian, das ist ein blau gesottener

Karpfen, Vater Tamm. Geht doch nur in die Gar=
derobe, wo der Spiegel hängt, damit der Junge sieht,
was aus ihm geworden ist."

„Meiner Seele," sagte Vater Tamm. „Aechtes
Kornblumenblau. Da muß Einer die Töpfe ohne
mein Wissen umgestellt haben."

„Daß es schwarze Menschen giebt, wissen wir,
denn es kommen Morians genug nach Hamburg," ent=
gegnete der Theaterarbeiter. „Mein Vetter, der zur
See gefahren ist, erzählt, in Amerika gäbe es auch
rothe, wiewohl ich es nicht recht glauben kann. Aber
von blauen Menschen habe ich niemals ein Sterbens=
wort gehört."

„Ich auch nicht!" sagte Vater Tamm. „Wir wol=
len es wieder abkratzen und bei'm Tageslicht weiter
malen. Komm, Jungchen!"

„Nein!" rief dieser. „Ich darf sie nicht länger
warten lassen! Hört Ihr nicht, wie sie nach mir rufen
und gegen die Thür schlagen? Wenn ich nicht gleich
gehe, kommen sie herein und es giebt allerlei Ungele=
genheiten. Schwarz oder Blau! Darauf kommt es nicht
an. Hurrah, Jungens, ich komme! Und meine Verse
weiß ich auch."

Die Kameraden standen bereit, ihn zu empfangen.

Die erste Erscheinung wirkte drastisch. Sie standen
mit aufgesperrten Mäulern da und sahen auf den blau
angestrichenen Mohrenkönig, wie auf ein Wunderthier.

„Nun? Kennt Ihr mich nicht?" fragte Jan. „Hier
habe ich auch den goldenen Stern und es kann gleich
losgehen."

„Du bist ja blau!" rief Einer.

„Es hat lange genug schwarze Morians gegeben,
es kann auch einmal ein blauer daran kommen!" rief
Jan. „Was liegt daran? Wir sind doch

> Die drei Weisen aus dem Morgenland,
> Balthasar, Melchior und Kaspar genannt!"

Der Zug ordnete sich. Die drei Weisen mit
Krone, Scepter und Stern schritten gravitätisch einher.
Eine Kohorte von Jungen stürmte vorauf; eine zweite
hinterher. Die großen Zuschauer standen seitwärts.
Von diesen sagte Einer, auf Jan deutend:

„Gevatter, wie nennt man die Sorte von Vögeln?"

„Es ist eine neue Species und man könnte sie
Blaufinken nennen!" war die Antwort.

Was entginge dem Ohr eines ächten Hamburger
Winkeljungen? Das Wort „Blaufink!" stieg wie eine
Leuchtkugel vor ihnen auf und „Blaufink! Blaufink!"
rief es im hundertstimmigen Chor durch die Straßen.

„Blaufink!" wiederholte Jan vor sich hin. Sie
sind dabei, mir einen Namen zu geben. Ich wollte
lieber, ich hätte einen von Vaters wegen, wie die An=
dern. Was wird Frau Rosmarin dazu sagen?"
Grübelnd ging er weiter im Zuge.

In den niedrig gelegenen Straßen von Hamburg,
die alle mit der Elbe gränzen, ist stets ein reges Leben.
Das war so von den grauen Tagen an, da das segens=
reiche Muttergottesbild in der Scharthor=Kapelle „Sancta
Maria to'm Schare" stand, bis zur gegenwärtigen Stunde.
Darum siedelten sich hier allermeist solche Leute an, die
mit dem Schiffsverkehr zu thun hatten; nicht nur die
Schiffer selbst, sondern auch die Comptoirleute, die An=
kerschmiede, die Blockdreher und andere Gewerker, die
von der Schifffahrt leben, bis zum Segelmacher ab=
wärts und weiter. Aber auch die Händler wohnen hier,
in deren Läden es aussieht, als wäre ein ganzer bun=
ter Jahrmarkt in diesen einzigen Raum zusammen ge=
drängt. Dort trifft man Alles, wornach eines See=
mannes Herz Gelüsten trägt. Von dem Capitain ab=
wärts, bis zum letzten Deckläufer findet hier Jeder, was
er begehrt und zu einer Reise über See bedarf, an

Kleider und Geräth, an Speise und Trank oder der-
gleichen. Und wenn es für den Augenblick an einem
Gegenstand mangelt, schafft der Inhaber des Ladens
Rath und in einer Stunde ist er unfehlbar vorhanden.

Ein solcher Laden stand auch auf dem ersten Versetzen. Er führte den Namen „Zum gelben Galion"
und sein Eigenthümer hieß Elias Brammer. Er sollte
ursprünglich heißen, zum goldenen Galion, allein das
dünkte dem Eigenthümer eine Verschwendung und so
wurde ein gelbes daraus. Herr Elias Brammer war
ein kleiner, schmächtiger Mann, dessen Gesicht im
Stande war, sich in alle beliebigen Falten zu legen
und auf diese Weise genau die Stimmung auszudrücken,
in welcher er sich bei der Begrüßung dieser oder jener
Kunden versetzt fühlte. Der demüthige, oder der hoch-
fahrende Elias Brammer waren zwei eben so verschie-
dene Persönlichkeiten, als der liberale oder der grobe
es waren. Nur seine eigene Frau war im Stande,
die Familien-Aehnlichkeit zwischen diesen mehrfachen
Gestalten heraus zu finden. Aber wie viele Arten von
Figuren es gab, die durch Herrn Elias Brammer dargestellt wurden: ein Grundton ging durch Alle, der
sich durch Nichts verwischen ließ, und das war die lei-
denschaftliche Liebe zu den blanken Thalern, die jedes

Hinderniß übersprang. Er war unerschöpflich in aller=
lei Schwänken und Listen, um die kleinen, runden Din=
ger in sein Netz zu locken, und klimperten sie einmal
darin, war kein Gedanke daran, sie demselben zu ent=
fremden, außer, wenn ihm die Gewißheit ward, daß
sie binnen Kurzem mit zehnfacher Verstärkung in die
Haft zurückkehren würden.

„Was lungert Er nur da bei den Zuckerhüten
herum?" fuhr er einen jungen Seefahrer an. „Will
Er vielleicht einen davon anknabbern?"

„Ich will bei Ihm garnichts anknabbern," ent=
gegnete Jener unwillig. „Ich stehe schon zehn Minu=
ten hier, um die Rechnung des Capitain Borchers zu
bezahlen, und frage, ob Er mir die hundertsechszig Mark
nun bald abnehmen will, sonst bringe ich das Geld
wieder an Bord."

„Ei, wie werde ich denn einen so lieben, jungen
Mann eine unnütze Mühe machen!" sagte Herr Elias
Brammer geschmeidig. „Bitte unschwer, mir die Rech=
nung herzugeben, die ich quittiren will. Richtig, Alles
richtig. Würde ein paar Rosinen und Mandeln an=
bieten, aber einem jungen Seemann, der bald Officier
werden wird, kann man eine solche Näscherei nicht
zutrauen. Bitte, mich dem Herrn Capitain Bor=

chers zu empfehlen und ich lasse glückliche Reise
wünschen.“

Seine Frau, die nicht weit von ihm stand, sagte
mißbilligend:

„Auf eine solche Rechnung hätten wenigstens vier
Schillinge Trinkgeld gehört. Du wirst Dir noch die
Kundschaft verschlagen.“

„Der wäre mit meinen vier Schillingen in den
nächsten Weinkeller gegangen und berauscht wieder herausgekommen,“ entgegnete ärgerlich Elias Brammer.
„Capitain Borchers würde es mir wenig Dank wissen,
wenn ich seine Leute zu Trunkenbolden machte. —
Was wäre denn Dein Wunsch, mein liebes Kind?“

Diese Frage galt einem aufgeschossenen Knaben,
der beide Hände gegen den Ladentisch stemmte und sich
abwechselnd hob und sinken ließ.

„Ich soll vielmals grüßen von meiner Mutter,
und fragen, ob Herr Brammer ihr nicht sagen könnte,
ob es heute Nachmittag noch regnen wird? Sie will
gerne Wäsche trocknen.“

„Was gehen mich Deine Mutter und ihre Wäsche
an?“ fuhr Elias Brammer heraus. Schier Dich
Deiner Wege.“

„Kriege ich nicht," fuhr der Junge mit unter=
drücktem Kichern fort, „ein Stück Lakritzen zu?"

Elias Brammer entgegnete auf diese Zumuthung
Nichts, sondern holte mit der Hand zu einem Schlage
aus, allein der Junge sprang laut lachend davon und
ein Anderer trat an seine Stelle, den der Herr des
Ladens anfuhr, indem er rief:

„Was hat Er da zu schnuppern, beide Hände in
den Taschen? Will Er etwa auch ein Stück Lakritzen
zu haben?"

„Nein!" gab der Angeredete zur Antwort, der
ein derber, untersetzter Halbmatrose war. „Ich will
die hundert Pfund Kaffee und die kupferne Kaminplatte
holen, die Capitain Matzen heute Morgen hier kaufte.
Da ist meine Legitimation."

Der Kaufmann nahm dieselbe, las sie sorgfältig
durch und sagte dann, sie zurückgebend:

„Wer wird denn von einem so wackern Burschen
eine Legitimation verlangen? Dem steht ja die Ehrlich=
keit auf dem Gesicht geschrieben. Frau, gieb dem jun=
gen Mann einen Schluck aus der grünen Flasche!
Trinke, mein Söhnchen, und lasse es Dir wohl bekom=
men! Hübsch vorsichtig mit der Platte! Und den Sack

nicht in die Elbe fallen lassen. Die Fische trinken keinen Kaffee."

„Gewiß nicht, wenn er so flau ist, wie Sein Schnapps aus der grünen Flasche. Pfui Teufel!"

Der Matrose ging seines Weges und Herr Elias Brammer sagte achselzuckend zu einem eben eintreten= den, wohlbekannten Kunden, den er Bohnenberg titulirte:

„Recht unmanierliche Menschen diese Schiffsleute! Statt zu sagen: Gottes Lohn, oder vielen Dank für Euere Gutthat, sagt er Pfui Teufel! — Womit kann ich dem Herrn gefällig sein?"

„Für den Augenblick mit Nichts, als mit einem freundlichen Gesicht," war die Antwort. „Vom Stu= benhut her ist eben ein Troß großer und kleiner Buben im Anzuge und ich begebe mich nicht gern in's Ge= dränge; darum will ich sie erst vorbeilassen. Störe sich der Herr nicht um meinetwillen."

„Fällt mir auch gar nicht ein!" brummte Herr Brammer vor sich hin und machte ein saures Gesicht, als die Frau für den wohlbekannten Kunden, der auch sonst mit Brammer in Geschäftsverbindung stand, einen Stuhl herbeiholte. „Ja, was ich sagen wollte! Unser= eins kommt den ganzen Tag nicht zum Sitzen. Aber dem Herrn ist es gerne gegönnt. Was giebt es denn nun wieder, Lene?"

Lene war die Tochter des Brammer'schen Ehe= paars; ein liebes, herziges Kind von zehn oder eilf Jahren mit einem stets lachenden Gesicht und hellen, leuchtenden Augen. Sie war der Mutter Verzug und das einzige Wesen auf der Welt, für welches Elias Brammer einige Zärtlichkeit bezeigte. Wenn sie ihm eine Rosine abschmeichelte, gab er ihr unaufgefordert eine Mandel dazu und wenn eine verschämte Alte auf der Schwelle erschien und um einen Bissen Brod jam= merte, konnte er es dulden, daß die Lene ihr einen harten Kringel, oder einen Zwieback zusteckte. Aber der Lehrbursche bekam bei solchen Anlässen stets einen Puff und einen dummen Jungen über den andern, denn an etwas mußte Herr Elias Brammer seinen Aerger auslassen.

„Lene," sagte die Mutter zu ihrer Tochter, die bislang draußen auf dem Beischlage gestanden hatte und vor Kälte halb erstarrt war. „Der Vater hat gefragt, was draußen los ist?"

„Sie kommen! Sie kommen!" entgegnete Lene, in die Hände klatschend.

„Wer kommt?" fragte Herr Brammer.

„Die heiligen drei Könige!" sagte Lene. „Der Eine trägt auf dem Rock einen großen goldenen Stern. Es sieht hübsch aus!"

„Das mir die Taugenichtse beileibe nicht in das Haus kommen!" gebot Elias Brammer.

„Ach, Väterchen, erlaube es doch!" sagte Lene bittend. „Sie singen so schön und der Eine hat ein blaues Gesicht. Ich habe es gesehen, als sie eben bei unserer Nachbarin, der Quitzow, hineingingen."

„Ei nun, hier von einem sichern Platze aus, lasse ich es mir gefallen," sprach Herr Bohnenberg, der es sich auf dem dargebotenen Stuhl bequem gemacht hatte. „Darum laßt nur die Jungen herein kommen. Sie werden Euch nicht arm essen und trinken. Und den Schilling für ihren Klingelbeutel gebe ich."

Elias Brammer willigte ein, nicht ohne Widerspruch und Gebrumm, welches letztere sich merklich verstärkte, als vor der Hausthür ein Terzett begann:

„Wir sind die Könige vom Morgenland,
Melchior, Balthasar und Kaspar genannt;
Wir tragen Krone, Zepter und Stern,
Und loben allzeit Gott den Herrn."

„Das klingt recht erbaulich!" sagte Herr Bohnenberg. Zu meiner Zeit lautete es anders; ich glaube, sie sangen damals, wir bezahlen nicht gern."

„Die werden auch jetzt nicht mit dem linken Ell=
bogen in die rechte Tasche fahren!" fuhr Herr Elias
Brammer seinen Gast an. „Die geben Nichts. Die
nehmen! Haltet Euern Schilling nur bereit."

„Da sind sie schon!" rief Lene, und hüpfte den
Eintretenden entgegen. „Kommt nur ganz und gar
herein und sagt dem Vater und der Mutter Euere
Sprüche her."

Die drei Knaben, welche die Heiligen drei Könige
vorstellten, traten nach einander ein. Jan mit dem
blauen Gesicht und den Stab mit dem Stern in der
Hand, stand in der Mitte. Der Lehrbursche, der gerne
mit von der Parthie gewesen wäre, sah seine Alters=
genossen mit neidischen Blicken an. Elias Brammer
stützte beide Hände auf den Ladentisch und beugte sich
vorneüber, jede Bewegung der Knaben mit Argusaugen
bewachend.

Diese begannen:
> „Wir wünschen dem Herrn einen goldenen Tisch,
> An allen vier Ecken gebratenen Fisch,
> Und in der Mitten einen Becher mit Wein,
> Das soll dem Herrn sein Schlaftrunk sein."

„Prosit die Mahlzeit und wohl bekomme es!"
sagte Herr Bohnenberg. „Die Jungen meinen es
gar nicht übel mit Euch, Elias Brammer."

Lene stand nahe bei der Mutter und flüsterte dieser zu:

„Ich habe noch Braunkuchen und Aepfel vom Weihnachten her. Die will ich ihnen nachher geben.“

Die Mutter nickte zustimmend und winkte ihr, zu schweigen, da die Knaben sich zu einem neuen Wettgesang rüsteten.

Dieser lautete:

„Wir wünschen der Frau ein Paar goldene Wiegen,
Darin ein Paar schlafende Kinder liegen;
Und goldene Töpfe im goldenen Schrein,
Die sollen voll Gold und Silber stets sein.“

„Das könnt Ihr Euch gefallen lassen!“ sagte Herr Bohnenberg, indem er aufstand und den Schilling aus der Knipptasche hervorsuchte. „Goldene Töpfe voll Silber und silberne Töpfe voll Gold. Die letzten wären mir die liebsten. Da habt Ihr den versprochenen Schilling und nun geht Eurer Wege.“

„O nein!“ rief Lene. „Bleibt nur noch hier. Ich will Euch auch etwas geben. Die Mutter hat es mir erlaubt.“

Sie lief in die Stube. Jan mit dem blauen Gesicht sah ihr nach und sagte vor sich hin:

„Das ist ein allerliebstes Kind! So eine möchte ich als Schwester haben. Aber ich bin ganz allein und habe Nichts auf der Welt; nicht einmal einen Namen."

Anfangs waren es die Heiligen drei Könige allein, die den Hausflur des Kaufmanns, der zugleich ein offener Laden war, betraten. Bald aber drängte sich Einer nach, der nicht zu ihnen gehörte; dem folgten Mehrere. Elias Brammer, der Alle überwachen wollte, beugte sich immer weiter vorneüber und gerieth in eine äußerst bedenkliche Stellung.

Lene kam zurück, einen Korb in der Hand, worin sich Kuchen und Aepfel befanden. Sie zeigte der Mutter ihren Schatz und trat dann zu dem ersten der Knaben mit der Krone und sagte, indem sie ihm seinen Antheil reichte:

„Lasse es Dir schmecken!"

„Daran soll es nicht fehlen!" entgegnete dieser und hieb wacker ein.

Auch der Zweite erhielt seinen Antheil, worauf sie zu Jan trat und ihn zweifelnd ansah.

„Du fürchtest Dich wohl vor mir?" fragte Er und sah sie mit seinen hellen Augen an.

„O nein," sagte die Lene. „Aber Du hast ein so wunderliches Gesicht, daß ich es immerfort ansehen muß. Da hast Du auch Deinen Apfel und Deinen Kuchen."

„Ich danke Dir," sprach Jan und steckte die empfangenen Gaben in die Tasche. „Es soll ihr wohl bekommen."

Elias Brammer, der die Hände des Jungen sich nach den Taschen bewegen sah, rief laut:

„Halt! Was steckt der Junge da ein?"

„Es ist der Apfel, den ich ihm gegeben habe, Vater!" sagte Lene. „Warum ißt Du ihn nicht auf, wie die Andern thun?"

„Weil ich zu Hause eine Frau habe, die Mutter= stelle bei mir vertritt und die eben so arm ist, als ich. Ihr bringe ich das mit."

„Dann will ich Dir noch einen Apfel geben und der soll für Dich sein!" sagte Lene und griff in den Korb.

Frau Brammer hörte das mit sichtlichem Ver= gnügen und nickte ihrem Manne zu, der verdrießlich brummte:

„Wer Alles weggiebt, kommt selbst zu Nichts."

Einer von den Knaben, welche sich in das Haus gedrängt hatten, trat vor und sagte trotzig:

„Der da kriegt zwei Mal und wir haben noch gar Nichts. Wie ginge das zu?"

„Du gehörst ja nicht dazu und hast auch nicht

mit gefungen!" entgegnete unerfchrocken die Lene. „Dir
gebe ich Nichts."

„Dann nehme ich es mir!" rief er und griff fo
ungeftüm in den Korb hinein, daß diefer in's Schwan=
ken gerieth und der Inhalt zu Boden fiel. Lene fchrie
laut auf und flog zur Mutter. Jan ergriff den un=
gehobelten Gefellen bei'm Kragen, warf ihn zu Bo=
den und fagte:

„Das ift für Deine Unverfchämtheit. Rechnet es
uns nicht an, was diefer Nichtsnutz verfchuldete; wir
können nichts dafür."

Elias Brammer brummte etwas vor fich hin, das
Keiner verftand; feine Frau aber fagte: „Es ift ein
braver Junge!" und Lene fah ihren jungen Ritter mit
leuchtenden Augen an.

„Und nun," rief Jan dem unter dem Drucke
feines Fußes am Boden liegenden Knaben zu. „Nun
ftehft Du auf und fagft der kleinen Mamfell, daß Du
ein unverfchämter Burfche gewefen bift; daß Du es
aber im Leben nicht wieder thun willft und daß fie
Dir es nicht vor ungut nehmen und Dir vergeben foll."

Der Junge erhob fich und wagte einigen Wider=
fpruch, aber Jan entgegnete eifrig:

„Wenn Du es hier nicht thuft, dann Gnade Dir

draußen Gott! Was sagt Ihr Andern? Soll er nicht
die kleine Mamsell um Verzeihung bitten dafür, daß
er sie mit seinen unsaubern Händen anfaßte und sie
bestehlen wollte?"

Der Mohrenkönig mit dem Stern fragte es und
seine Mitregenten, die Träger der Krone und des Zep=
ters, entgegneten:

„Ja! Ja! Das soll er! Und gleich! Willst Du
den Mund aufmachen, oder nicht?"

Der Junge entschloß sich zögernd, das allgemeine
Begehren zu erfüllen. Er näherte sich der Lene, die
sich scheu vor ihm zurückzog, sprach einige unverständ=
liche Worte vor sich hin und rannte spornstreichs aus
dem Laden und auf die Straße hinaus.

„Und nun gehen wir auch!" sagte Jan. „Dank
für das Gute, das die Frau und das liebe Kind uns
erwiesen, und nehmt nicht vor ungut, was hier gesche=
hen ist, wir haben es nicht verschuldet."

„Warte noch einen Augenblick, mein Junge," sprach
Frau Brammer zu Jan und sagte leise zu ihrem Manne:

„Wir können den Knaben, der unser Kind in Schutz
nahm, nicht so gehen lassen. Sieh nur, wie zuthun=
lich die Lene mit ihm ist! Du mußt Dich zu etwas
entschließen, Brammer. Am besten wäre es, wenn er

aus dem wilden Straßentreiben heraus käme. Er ist
am Ende achtbarer Leute Kind . . ."

Sie unterbrach sich selbst und zu Jan gewendet,
fragte sie diesen:

„Wie heißest Du, mein Junge?"

Seine Wangen brannten, wenn man auch wegen
der blauen Farbe die aufsteigende Röthe nicht sehen
konnte. Die Lippen weigerten es, sich zu öffnen; allein
als er merkte, daß die Frau sich über das Zögern bei
einer so natürlichen Frage wunderte, raffte er sich zu=
sammen und rief laut:

„Jan Blaufink heiße ich!"

„Das ist ein hierorts ganz ungewöhnlicher Name!
Den habe ich nie gehört! — Brammer, sind Dir Leute
vorgekommen, die so heißen? Wer ist denn Dein Vater
und wo wohnt er?"

Jan stockte abermals. Dieses Mal glaubte der
König mit der Krone sich in's Mittel legen zu müssen,
und sagte: „Er hat gar keinen Vater!" Und sein Col=
lege mit dem Zepter fügte hinzu: „Und eine Mutter
auch nicht."

„Also eine Waise!" sprach Frau Brammer. „Ein
armes Kind, das unter fremden Menschen umhergestoßen
wird! Brammer, wirst Du bald den Mund aufmachen?"

„Nun gut!" sagte dieser. „Um Dich los zu werden, und die Lene auch, die sich wie eine Klette an mich hängt! — Laß mich doch los, Dirne! Ich weiß nicht, was Du an dem dummen blauen Jungen für einen Narren gefressen hast. Komme einmal hierher, Jan Blaufink! — Den Namen mußt Du nun schon ganz und gar ablegen, wenn das in Erfüllung gehen soll, was ich im Sinn habe! — Bisher hast Du, wie ich vermuthe, nichts Rechtschaffenes gethan und Deine Tage verlottert, was aufhören muß, wenn Du ein tüchtiger Kerl werden willst."

„Dazu habe ich wohl Lust!" sagte Jan. „Und zudem habe ich es dem Baas vom Neptunswerft versprochen."

„Den Mann kenne ich nicht!" fuhr Elias Brammer fort. „Wenn Du aber mir versprechen willst, Dich zu fügen und zu schicken, will ich sehen, ob ich Dich auf irgend einem Tabackswinkel unterbringen kann. Du hast da Arbeit vollauf und ein knappes Einkommen; das reicht für einen solchen Gesellen aus . . ."

„Was?" rief Jan. „Ich sollte mich auf einen solchen dunklen Boden einsperren lassen und Tabacksblätter waschen, oder zerpflücken, oder was sonst damit

gemacht wird . . . Nein, Herr! Danke für den guten
Willen. Ich gehöre in die freie Luft."

„Bedenke, Kind!" sprach warnend Frau Brammer. „Wenn wir Dich vielleicht irgendwo als Lauf-
burſche anbrächten, gehörteſt Du doch zu einem Hauſe,
das ſich um Dich kümmerte. Du ſtehſt jetzt allein..."

„Ganz allein bin ich nicht mehr, da ich die Frau
Rosmarin habe."

„Frau Rosmarin? Was iſt das für eine Frau?"

„Das wißt Ihr nicht?" fragte Jan verwundert.
„Das iſt eine gute, liebe Frau, die beinahe verbrannt
wäre, was ich verhinderte, weshalb ſie mich herzte
und küßte. Sie wohnt bei der alten Jungfer Mewes
ein. Aber das triumphirende Hamburg iſt ſeit jenem
Abend nicht wieder an die Reihe gekommen."

„Ich glaube, bei dem Jungen rappelt es!" ſagte
Elias Brammer zu ſeiner Frau und dieſe ſprach:

„Du ſprichſt ganz ungehöriges Zeug, Jan, was
kein Menſch verſteht. Wenn Dir es nicht recht iſt,
was man Dir vorſchlägt, laſſe die Finger davon.
Wohlthaten drängt man keinem Menſchen auf und wenn
Du es anderwärts beſſer haſt, ſo iſt Dir ja geholfen."

Die beiden Mitkönige glaubten abermals ſich in's
Mittel legen zu müſſen und der Kronenträger ſagte:

„Die Frau Rosmarin gehört auch dazu und der Jan hat freies Quartier in der Holzbude auf dem großen Neumarkt!"

„Holzbude! Neumarkt!" rief Elias Brammer. „Was will das bedeuten?"

„Ja," sagte der Träger des Zepters. „Und er darf alle Abend in der Comödie mitspielen!"

„Herr des Lebens!" schrie Frau Brammer vor Schreck laut auf, indem sie die Lene an sich riß und mit beiden Armen umklammerte. „Ein Comödianten= junge ist das?"

„Ja, ich spiele Comödie!" entgegnete Jan.

„Weg! Weg! Und rühre mein Kind nicht wieder an!" sagte die erschrockene Mutter. „Brammer, den darfst Du Niemandem empfehlen und darfst ihn auch nicht selbst in's Haus nehmen, wie ich es eigentlich im Sinn hatte . . . ."

„Ich werde ihn vielmehr aus demselben hinaus= werfen!" sprach Herr Elias, indem er über den Laden= tisch wegsprang und den Herrn Bohnenberg, der sich bisher hinter eines der Fässer zurückgezogen hatte, bei= nahe über den Haufen rannte. „Wollt Ihr machen, daß Ihr fort kommt, Ihr Comödiantenpack und Spitz= bubengesindel . . . ."

Die Mitkönige waren bereits gewichen und harr-
ten auf der Schwelle des Ausganges. Jan Blaufink
aber wandte sich gegen den eifernden Hausherrn:

„Wenn Er uns gehen heißt, müssen wir Folge
leisten, denn es ist Sein Haus und wir gehören nicht
hinein. Aber einen armen Jungen schimpfen, weil er
nichts hat und eine Waise ist, das darf Er nicht. Spitzbuben sind wir nicht. Ich habe nie etwas heimlich
weggenommen, oder etwas Gefundenes behalten. Und
die Frau Rosmarin ist eine so brave, wackere Frau,
als nur irgend eine in Hamburg. Ich darf Mutter zu
ihr sagen; ich habe sie rechtschaffen lieb und wer ihr
irgend etwas Böses nachspricht, hat es mit mir zu
thun! Nun wollen wir gehen und unser Lied weiter
singen.“

„O Gott, welche Begebenheit!“ sagte Frau Brammer. Herr Elias war wie auf den Mund geschlagen,
und sein Gast sprach im Hinausgehen:

„Solche Auftritte verleiden ehrbaren Leuten das
Haus. Er setzt Sein Geschäft auf das Spiel.“

Jan Blaufink trat zu den Kameraden hinaus und
rief ihnen zu:

„Jan Bremer und Jan Thiemer, Ihr habt Nichts

mehr vor mir voraus. Ich habe so gut meinen Namen, wie Ihr und heiße Jan Blaufink."

„Du sollst ihn behalten!" entgegnete der Erstere. „Frisch, Jungens! Ruft es ihm zu, daß er den Namen behalten soll. Vorwärts! Wir bringen ihn nach dem Scharmarkt!"

Und zum ersten Male erscholl der Ruf: „Da kaam wi mit Jan Blaufink an!" durch die Straßen von Hamburg.

Scheve-Lieke.

Jungfer Mewes stand vor dem kleinen Herd in ihrer Wohnung und suchte das erloschene Feuer anzufachen. Frau Rosmarin lag stöhnend auf ihrem Lager und sagte todesmatt:

„Habe Sie Erbarmen und beeile Sie sich. Das Herz zittert mir im Leibe vor Kälte."

„Es geht nicht. Das Holz ist naß und die Schwefelhölzer sind mir ausgegangen. Wenn der Jan zu Hause kommt, soll er andere holen. Bis dahin wird Sie nicht verfrieren."

Die Frau antwortete nicht darauf, sondern weinte still. Jungfer Mewes, die gerade ihren bösen Tag hatte, sagte darauf:

„Wenn Sie meint, daß ein Schluck Warmbier Ihr gutthut, will ich Ihr von dem Garbrader an der Ecke eine halbe Kanne holen. Gebe Sie mir nur das Geld."

„Sie weiß wohl, daß ich keines mehr habe. Meine Hoffnung ist einzig und allein auf den guten Jungen gerichtet, der nun schon stundenlang fort ist . . ."

„Wird auch wohl noch stundenlang fortbleiben," keifte Jungfer Mewes. „Er ist ein Taugenichts und Herumtreiber . . ."

„Stets hat Sie es auf den armen Jungen ab= gesehen. Nichts sagt Sie von ihm, als Böses . . ."

„Weiß Sie etwas Gutes?" fiel Jene ein. „So lange Sie bei dem Theater war, hat Sie ihn durchge= schleppt und mich so lange zugesetzt, bis ich erlaubte, daß er hier bei Ihr wohnen durfte. Seitdem Sie aber stets krank ist und der Director Sie verabschiedet hat, hört das Durchschleppen auf. Jetzt muß er für sich selbst sorgen und wenn er ein rechtschaffener Bursche wäre, sorgte er für Sie mit. Aber Prosit die Mahl= zeit . . ."

„Sie klagt ihn fälschlich an, Jungfer Mewes. Er thut, was er kann. Bittet überall um Arbeit; aber selten gelingt es ihm, welche zu bekommen. Wie zerschlagen kommt er oft nach Hause. Und doch würde er noch mehr arbeiten, allein die Leute trauen ihm nichts Rechtes zu, weil er noch so jung ist . . . ."

„Und die Leute haben recht! Wenn ich ihm etwas

sage, hört er auch nicht und wenn ich ihn vermahne, lacht er mich aus. Das soll ein Ende nehmen."

„Habe Sie Geduld, Jungfer Mewes," bat die Schauspielerin. „Nur noch wenige Tage habe Sie Geduld. Dann bin ich hergestellt und trete mein Engagement wieder an."

„Meint Sie, daß Sie es können wird? Und wenn Sie es kann, weiß Sie es denn so ganz gewiß, daß der Direktor Sie wieder aufnimmt?"

„Warum sollte er nicht? Ich war stets willig und habe mir keine Mühe verdrießen lassen . ."

„Gut das . . . Und wenn also . . ." Jungfer Mewes sprach abgebrochen und in Pausen. Wenn das geschah, hatte sie stets noch irgend etwas Unvorhergesehenes im Hinterhalt. Frau Rosmarin wußte das und sagte ängstlich:

„Sie verbirgt mir noch etwas. Was ist es?"

„Die Strapazen, meine ich. Und dann wird es doch auch Reisegeld kosten, was Sie nicht hat."

„Reisegeld? Ist die Gesellschaft fort?"

„Was denn sonst? Der Direktor Veltheim ist gestern vor acht Tagen mit all' seinem Volk nach Lübeck gegangen. | Habe ich Ihr das nicht gesagt? Ja, wer kann an Alles denken. Auch wollte es der Jan nicht

haben. Er sagte, Sie hätte den Tod davon. Ich sehe
nicht, daß Sie besser daran war, da Sie es nicht
wußte, und Gewißheit muß der Mensch doch haben."

Frau Rosmarin entgegnete Nichts hierauf. Ihr
Gesicht war bleich, wie die Wand, und um die Mund=
winkel zuckte es, wie Todeskrampf. Jungfer Mewes
sah es und plötzlich wandelte sich ihr Sinn, der stets
wie eine Wetterfahne hin und her schwankte. Sie
sagte Nichts weiter, aber sie schaffte emsig am Herd.
Nach wenigen Minuten hatte sie das nasse Holz zum
Brennen gezwungen und den Kessel zum Feuer gerückt.

„Nun soll es bald heiß werden!" sprach sie laut
genug, allein Frau Rosmarin hörte nicht darauf. Sie
hielt die dicht gefalteten Hände vor sich hin und lis=
pelte kaum hörbar:

„Jan! Jan! Wo bist Du?"

Er war noch weit. Auf dem großen Neumarkt
stand er, unfern von dem Gerüst, worin die Sanct
Michaelis=Glocken hingen, und schaute mit Wehmuth
auf die große Holzbude, worin er sich so glücklich
fühlte und die seit acht Tagen verwaist stand. Jetzt
waren die verschiedenen Eingänge weit aufgesperrt.
Die Fenster wurden ausgehoben und die Zimmerleute
begannen das Dach abzudecken.

„Es ist Alles vorbei," sagte er traurig. „Bisher glaubte ich noch, es sei ein Traum. Der Prinzipal käme über Nacht wieder und das lustige Leben begönne auf's Neue. Aber nun sehe ich wohl, daß es für immer vorbei ist. Ich stehe wieder auf derselben Stelle, wo ich stand, als sie mich von dem Neptunswerft jagten und Vater Pfingstmeier mir das letzte Stück Brod schnitt. Und der armen Frau, die noch von Nichts weiß, darf ich es nicht länger verschweigen. Welcher Jammer wird das sein. Aber ich muß es sagen und dann will ich arbeiten, arbeiten, bis mir die Arme vom Leibe fallen . . ."

Er ging weiter, ohne sich umzusehen, was in seiner Nähe vorging. Auch um ihn bekümmerte sich Niemand. Plötzlich sagte es ganz in seiner Nähe:

„Da ist er! Jan Blaufink!"

Er sah auf. Vor ihm stand Frau Brammer und hielt die kleine Lene an der Hand.

„Siehst Du, Mutter! Er ist es! Ich habe ihn neulich schon gesehen, als ich aus der Schule kam, und ich erkannte ihn gleich, obgleich sein Gesicht nicht mehr blau war."

Jan sah das junge Mädchen an und heller Sonnenschein flog über das Gesicht:

11*

„Das ist die kleine Lene!"

„Freilich bin ich es und böse bin ich auch, daß Du den schönen Apfel, den ich Dir zusteckte, nicht genommen hast, sondern wegliefst, als mein Vater mit Dir sprach und Dir beistehen wollte. Aber hübsch war es doch von Dir, daß Du den bösen Jungen, der mich bestehlen wollte, ein Bein stelltest und ihn über den Haufen warfst."

Er konnte noch immer keine Worte finden. Frau Brammer legte sich in's Mittel und sagte:

„Wenn ich Dich ansehe, meine ich, Du hättest besser gethan, das Anerbieten meines Mannes anzunehmen, anstatt Dich bei dem lüderlichen Gesindel, den Comödianten umher zu treiben. Es ist Dir wohl nicht sonderlich gegangen?"

„Ach Gott, nein!" sprach Jan und sah trübselig zu ihr auf. „Man kann kein Rühmens davon machen. Aber ich konnte die arme Frau nicht verlassen, die nun noch ärmer und hülfloser ist, als vorher."

Thränen erstickten seine Stimme. Frau Brammer empfand Mitleid, und forderte ihn auf, deutlicher zu sprechen. Er that es, und sie entgegnete dann:

„Sie gehört zwar einem Stande an, von dem die ehrbaren Leute sich abwenden, allein sie ist unglücklich

und dem Unglücklichen soll man keine Predigten hal=
ten, sondern ihm beistehen. Nimm diese Paar Schillinge
einstweilen, die ich gerade bei mir habe. Komme Mor=
gen zu uns in's Haus und ich will sehen, was ich
weiter thun kann."

„Ja, Ja!" rief Lene. „Komme auch ganz gewiß.
Den großen Apfel habe ich nicht mehr. Aber ich gebe
Dir etwas Besseres dafür."

„Und Du bist auch hoffentlich auf andere Ge=
danken gekommen!" sagte Frau Brammer zu Jan.
„Das Unglück bessert die Menschen, wie es heißt, und
Du hast es kennen lernen. Ich will mit meinem
Manne sprechen, vielleicht nimmt er sich Deiner an."

„Ich spreche auch mit dem Vater!" rief Lene
dazwischen und klatschte in die Hände. „Und mir thut
er gerne etwas zu Gefallen."

„Komm, Lene!" ermahnte die Mutter. „Es ist
Zeit, daß wir nach Hause gehen, sonst wird der Vater
verdrießlich. Vergiß nicht, Morgen zur rechten Zeit
zu kommen und wenn Du es gut mit Dir meinst,
läßt Du von dem lüderlichen Leben ab und wirst ein
arbeitsamer, redlicher Mensch, der seine Augen überall
aufschlagen darf und von den Leuten wohl gelitten ist."

Frau Brammer ging, gehoben von dem Gedan=

ten, einen Menschen vom Verderben zu retten und für
den Himmel zu gewinnen. Lene wendete sich im Gehen
noch einmal um und nickte ihm freundlich zu. Jan
folgte ihnen unwillkührlich einige Schritte und ging
dann langsam jener schmalen Twiete zu, wo die dunkle
und steile Sahltreppe in die Wohnung führte, welche
er mit der Jungfer Mewes und der Frau Rosmarin
theilte.

·

Der andere Morgen kam. Herr Elias Brammer
rasete in seinem Laden auf und ab, wie ein angeschof=
sener Eber. Es waren erst wenige Frühkunden dage=
wesen, allein der Lehrbursche hatte bereits zwei Nasen=
stüber und einen Stoß in die Seite bekommen. Elias
Brammer brauchte einen Gegenstand, woran er seinen
Zorn auslassen konnte. Er war voll Grimm, daß er
sich hatte beschwatzen lassen, der Beschützer eines Bur=
schen zu sein, der ihn von Hause aus nichts anging,
und der ihm nie auch nur das Geringste nützen konnte.
Es war weggeworfene Zeit und weggeworfene Mühe;
zwei Kapitale, die einem Kaufmanne stets volle Zinsen
tragen müssen.

Seine Frau brachte ihm seinen Morgentrunk und
kredenzte ihm denselben mit einem heitern Gesicht. „Ich

bringe es Dir zu, Elias," sagte sie, „mit der Hoffnung auf einen freundlichen Tag. Für jede Stirnfalte we= niger, heute Abend einen Thaler mehr in der Kasse."

„Es ist gut," sagte er und schielte nach dem Lehr= burschen, der bemüht war, ein Paar Backpflaumen zum Frühstück bei Seite zu bringen, jetzt aber schnell die verführerische Kiste von sich schob und im Poliren des Schaufensters fortfuhr. „Es ist gut, Frau. Ich habe es einmal versprochen, Dir und der Lene. Die Dirne läßt nicht los, wenn sie mich einmal gefaßt hat, und wird noch so lange für allerlei Volk bei mir betteln, bis sie mich zum armen Manne gebettelt hat. Ich gehe jetzt hinaus nach der Reeperbahn. Es fehlt hier an Marlleine und Hüsing. Auch muß Capitain Danker seine Jagetrosse noch heute an Bord haben. Bei die= ser Gelegenheit will ich sehen, was sich thun läßt. Um zwölf Uhr bin ich wieder hier. Gieb wohl Acht, daß Jedem sein Recht wird und Keiner etwas über Seite bringt."

Der Lehrbursche, der gerade bei dem gläsernen Haven stand, worin die braunen Zuckerboltje's lagen, sprang schnell zu der Kiste mit den Sechslings=Talg= lichtern und reichte einer Kundin das verlangte Beleuch= tungsmaterial mit einem dummen Lächeln dar.

„Du brauchst nicht besorgt zu sein, Mann,“ entgegnete Frau Brammer. „Ich will den Laden keinen
Augenblick verlassen, bis Du wiederkommst. Geh nur
in Gottes Namen und kehre nicht zu oft ein.“

Das Letztere sprach sie in dem heitern Ton des
Scherzes.

Elias Brammer sah seine Frau fragend an, als
spräche sie von den Bewohnern des Mondes, oder
sonstigen räthselhaften Dingen im weiten Raume des
Weltgebäudes, dann griff er nach dem aufgekrämpten
Hut, schwenkte das dargereichte spanische Rohr und sagte:

„Daß Ihr mir nicht mit solchen Kommissionen
wieder kommt. Du nicht und die Lene auch nicht. Es
wird erstens Nichts darauf gegeben und für's Zweite
werde ich Euch ein Aufgebot bestellen, daß Ihr acht
Tage lang daran denken sollt.“

Bei diesen Worten machte das spanische Rohr eine
solche verdächtige Bewegung nach der Seite hin, wo
der Lehrbursche stand, daß dieser sich unwillkührlich
bückte, was der Prinzipal für einen ehrerbietigen Gruß
hielt, und ihm zunickend sagte:

„Laß mir den Jan Blaufink nicht hinter den
Ladentisch kriechen, wenn er eher kommt, als ich da bin,

und treibe keine ungehörigen Späße mit ihm. Um
ein Uhr soll er seinen Bescheid empfangen.“

Mit diesen Worten war Herr Brammer zur Thür
hinaus und lenkte seine Schritte nach der Reeperbahn.

Es war gegen Abend desselben Tages, als Jan
Blaufink die Sahltreppen hinaufstieg und der Jungfer
Mewes einen guten Abend bot, den diese mit den mür=
risch ausgesprochenen Worten erwiederte:

„Hättest auch früher kommen können. Jetzt schläft
die Frau Rosmarin schon und Du wirst sie aufwecken,
wenn Du so klotzig auftrittst, wie gewöhnlich.“

„Ich habe die Schuhe schon vor der Thür aus=
gezogen,“ entgegnete er leise. „Sie ist es so gewohnt
mit mir zu schelten, daß Ihr ordentlich etwas fehlen
wird, wenn es nun aufhören muß.“

„Aufhören! Und aufhören muß!“ schrie Jungfer
Mewes auf und vergaß nun selbst den Schlaf der
Frau Rosmarin. „Das ist ganz unmöglich, denn Du
machst täglich und stündlich, wachend und träumend, so
viele dumme Streiche, daß man aus dem Predigen
gar nicht heraus kommt. Warum soll ich damit auf=
hören?“

„Weil ich nur gekommen bin, um Morgen mit
dem Frühesten wieder zu gehen. Ich werde Rab=

junge in der Reeperbahn und schlafe in der Geschirr=
kammer."

Jungfer Mewes stand mit offnem Munde da.
Sie war es so gewohnt, den Jan zum Ableiter ihrer
üblen Launen zu gebrauchen, daß sie den ihr drohenden
Verlust zwiefach fühlte und zuletzt in die Worte aus=
brach: „Radjunge! Das ist auch etwas Rechtes."

„Viel wird es wohl nicht sein," entgegnete Jan
gleichmüthig. „Herr Brammer hat es einmal für mich
ausgemacht, und die Lene hat mir zugenickt, also ist
Nichts davon abzuhandeln. Ich habe mein Brod und
kann der armen Frau Rosmarin, die mich so lieb hat,
etwas davon abgeben."

„Mein lieber Sohn!" sagte diese, die von dem
Gespräch aufgewacht war, mit matter Stimme: „Gott
segne Dich um Deines guten Herzens willen."

Die Begrüßung der Beiden war herzlich. Sie
hätte nicht inniger sein können, wenn sie wirklich Mut=
ter und Kind gewesen wären. Frau Rosmarin fühlte,
daß ihre ganze Seele an diesem Knaben hing, und ihr
Herz schlug ihm laut entgegen. Er vergalt es ihr da=
mit, daß er sich ihr ohne Rückhalt von ganzer Seele
hingab und keinen andern Gedanken hatte, als nur sie.

Jan hatte der Mutter Alles gesagt, was in den

letzten Tagen mit ihm vorging. Herr Brammer, wel=
cher auf den großen Reepschlägereien zu Sanct Pauly
wohlbekannt war, und als ein bedeutender Kunde dort
in Ansehen stand, brauchte nur ein Wort zu sagen,
um die Annahme des Jan als Radjunge zu erreichen
und demselben für einen kärglichen Wochenlohn eine
Fülle von Arbeit zuzuweisen. Er meldete ihm dieses
und überschüttete ihn dabei mit so vielen guten Er=
mahnungen und Drohungen für den Fall der Nicht-
erfüllung seiner Pflichten, daß jedem Andern wie dem
Jan angst und bange geworden wäre und er keinen
Fuß auf die Bahn gesetzt hätte.

„Du wirst schwere Tage haben, mein Junge,“
sagte Frau Rosmarin, „und wirst sie zum Theil um
meinetwillen haben. Ich kann Nichts thun, als Dir
mit meinen Thränen dafür danken und für Dich zu
beten, daß der liebe Gott Dir gnädig sei und Dein
Leben dornenfrei halte.

„Amen, Mütterchen!“ sagte Jan. „Du bist matt
von vielem Sprechen und sollst nun Deine Ruhe haben.
Morgen in aller Frühe gehe ich heimlich fort. Du
darfst nicht so betrübt aussehen; es wird Alles gut.
Sonntags, nach der Predigt soll ich zu Frau Brammer
kommen, die mir für Dich geben wird, was zu entbeh=

ren ist; damit komme ich dann zu Dir und wir blei=
ben ein Paar Stunden zusammen, bis ich wieder hin=
aus muß nach der Bahn. Das soll ein Leben werden!
Wir schmausen behaglich von dem, was Frau Brammer mir
für Dich mit giebt; sie und die Lene. Das ist ein liebes
Kind, die mir Alles zusteckt, und noch immer daran
denkt, daß ich dem Jungen, der sie am heiligen Drei=
königstage anfaßte und bestehlen wollte, einen tüchtigen
Denkzettel gab. Nun, gute Nacht, Mütterchen. Schlafe
sanft und habe keine Sorge um mich. Auf der Tisch=
ecke findest Du Morgen früh vier Schillinge; ich habe
sie redlich verdient mit Lasttragen. Verbrauche sie mit
Gesundheit."

Sie ließ ihn nicht los, sondern zog ihn näher an
sich. Er kniete an dem Bette nieder und fühlte, wie
ihre Hand sich auf sein Haupt legte; ihre Lippen be=
rührten seine Stirn. Dann trennten sie sich, ohne daß
Einer von ihnen nur noch ein Wort gesprochen hätte.

Die Reeperbahn von heute und damals. Es kann
kaum einen größeren Gegensatz geben. Von den langen
Häuserreihen, welche sich zwischen Hamburg und Altona
ausdehnen, war keine Spur vorhanden. Längs der

ausgefahren sandigen Heerstraße, die sich zwischen den beiden Städten hinzog, lief ein breiter und fester Weg, welcher mit hohen, schattenreichen Bäumen eingefaßt war.
Unter diesen Bäumen standen in gemessenen Zwischen-
räumen sechs oder acht Buden, roh von Holz aufge-
zimmert und mit einer dicken Theerkruste überzogen,
worin Eß= und andere Waaren feilgehalten wurden.
Es war Alles in der ursprünglichsten Natürlichkeit.
Keine Spur von den mannigfaltigen Bazaren, die jetzt
das Auge dort erfreuen. Aber anheimelnd war es unter
diesen Laubdächern, am Frühmorgen, wenn tausend
muntere Sangvögel darin auf= und abhüpften, oder
Abends, wenn die scheidende Sonne die leise bewegten
Wipfel mit ihrem Golde übergoß.

Seitwärts nach Norden zu, war eine weite Fläche,
hier und da mit Bäumen bepflanzt und der Boden
mit magerm Graswuchs bedeckt. Sie grenzte mit dem
heiligen Geistfelde, welches sich bis zur alten Glashütte
hinzog. Von dort aus führte ein Fußsteig quer über
das Feld der einsamen Fläche zu. Der Steig lief gegen das Ende hin längs einem hohen, düstern Zaun.
Darüber hinaus ragten einige Dachspitzen und eine
hellgrüne Kuppel. Nur mit verhaltenem Athem ging
man an diesem Zaune vorüber und unbewußt beeilte

man seine Schritte, denn dies war der Pesthof. Es war
hier so einsam und still, daß man ohne Gefahr das
Pulvermagazin und das Hanfhaus in diese Gegend
verlegte, weil nirgends anders die Stadt sicherer vor
jenen feuergefährlichen Gegenständen war, als gerade
an diesem Orte.

Und von hierab, bis zu der schattigen Allee mit
den Verkaufsbuden erstreckten sich in der Richtung von
Altona nach Hamburg die mächtigen Seilerwerkstätten,
welche dieser Gegend den Namen Reeperbahn verliehen.
Die großen, halb steinernen, halb hölzernen Schuppen,
worin die Vorräthe und die Arbeitswerkzeuge aufbewahrt wurden, erhoben sich mit ihren spitzen Giebeln
im Westen, wo sie mit der alten Dröge gränzten. Von
hier aus ging am frühen Morgen das Getriebe aus
und verschwand daselbst am Abend. Von dem einfach-
sten Bindfaden an, bis zum schwersten Ankertau auf-
wärts wurde für den Bedarf der Schiffe gesorgt.
Keine Hand lag hier müssig in dem Schooße. Die
abgenommenen Vorräthe wurden Tag für Tag durch
neue ersetzt.

Hell leuchtete der Maimorgen auf. Die großen
Thüren der Schuppen öffneten sich und die Seilerknechte,
so wie die Radjungen fanden sich ein. Der Bahnmei-

ster war überall zu finden und gab die Arbeiten des Tages an. Bei einem der leichteren Räder blieb er stehen und sagte:

„Hierher soll der neue kommen, der uns von Elias Brammer geschickt wird. Diese Herren sollten sich auch um ihren Laden kümmern, statt uns mit allerlei dummen Jungen zur Last zu fallen, welche sie selbst nicht brauchen können. Hoffe, daß der Bursche einigermaßen anstellig ist, sonst bekommt er noch vor Mittag eine Tracht Prügel und seinen Laufpaß.“

Er wandte sich einem der Spinner zu, als hinter seinem Rücken der laute Ruf erscholl:

„Wo ist der Bahnmeister?“

„Hier!“ entgegnete er, sich umwendend und sagte verdrießlich:

„Wer ist denn der Knirps, der ohne alle Umstände nach dem Bahnmeister ruft? Was soll's mit ihm?“

„Entschuldige Er mich, Herr; allein mir ist nur gesagt, daß ich hierher gehen solle und nach dem Bahnmeister fragen. Herr Elias Brammer hat mich so angewiesen.“

„Aha! Du bist also . . . .?“

„Ja, Herr; ich bin der neue Radjunge, das

heißt, wenn ich Ihm anständig bin und Er mich brauchen kann."

„Das wird sich finden. Wir können unser Werk gleich beginnen. Dort am Rade ist Dein Posten. Man soll Dir gleich die ersten Handgriffe beibringen. Heda, Hans Peter, komme einmal her und zeige dem ... Wie heißt Du denn?"

„Jan Blaufink, Herr."

„Das ist ein possirlicher Name! Wer Teufels heißt hier in Hamburg so?"

„Ich, Herr. Und da es nun einmal so ist, meine ich, laßt Ihr es auch dabei. Kein Mensch kann dafür, was er für einen Namen hat. Er kann ihn sich nicht aussuchen. Er wird ihm gegeben und er muß ihn behalten."

„Maulfaul bist Du nicht!" sagte der Bahnmeister, dem das kecke Wesen gefiel. „Ein Radjunge ist ein gewaltiger Kerl bei der Stadt und kann sich etwas darauf einbilden."

„Das hat Capitain Danker auch gesagt, Herr!"

„Was hat er gesagt?"

„Capitain Danker war dabei, als Herr Brammer mir sagte, daß ich hierher gehen und Radjunge werden solle. Da legte der Capitain seine Hand auf meine Schulter und mich schüttelnd, sagte er lachend: Höre, Jan Blaufink, mache es, wie der Michael de Ruiter, dann wird es Dir wohlgehen. — Das will ich wohl, Capitain, sagte ich. Aber erst muß ich doch wissen, wie es der Michel machte, von dem Er spricht. — Da lachte der Capitain noch lauter als vorhin und antwortete: da hast Du recht. Der Michael de Rui= tar fing damit an, auf den Seiler-Werkstätten zu Blis= singen das Rad zu drehen, und schloß damit, seine Admiralsflagge am Bord der „sieben vereinigten Pro= vinzen" aufzuziehen. — Darauf sagte ich wieder: Dank, Capitain, für den Bescheid; ich will sehen, was sich thun läßt und nach diesen Worten bin ich hierher ge= kommen."

„Es ist himmelschreiend," sagte der Bahnmeister, zu einem der Knechte gewendet, „was diese Herren solchen dummen Jungen für Raupen in den Kopf setzen. Das soll man nun wieder herausprügeln!"

Und sich hastig gegen Jan Blaufink wendend, sprudelte er über:

„Du hast, wie sich von selbst versteht, Deine Ad= miralschaft auch schon in der Tasche?"

„Ach nein, mein Herr," sagte Jan Blaufink ruhig. „Ich bin vollauf zufrieden, wenn ich arbeiten und für meine arme Mutter ein Stück Brod verdienen kann."

"Nun," meinte der Bahnmeister besänftigt. "Wenn das ist, dazu kann Rath werden. "Heran an das Rad! Ich will Dir selbst die ersten Griffe zeigen. In einer Viertelstunde mußt Du fix und fertig drehen können."

Und eifrig ging er an sein Werk.

Die Tage verstrichen in gewohnter Weise. In der Woche ward rechtschaffen gedreht und des Nachts fest und ruhig geschlafen. Wenn die Mittagspause eintrat, war Jan für alle Knechte eifrig zur Hand und holte ihnen, was sie nöthig hatten, aus den verschiedenen Buden, herbei. Er war immer heiter und unverdrossen; ließ sich eine Neckerei gefallen, schüttelte einen Puff, oder einen Schlag von sich ab, und war bald auf dem ganzen Seilerplatz wohlgelitten. Die Männer, denen er ihre Bedürfnisse brachte, theilten ihm von ihrem Ueberfluß mit und die alten und jungen Weiber in den Verkaufsbuden hatten ihre Freude über den lustigen Käufer, dem sie manchen leckern Bissen zusteckten. Jan Blaufink, der auf dem Neptunswerft eine gute Vorschule durchmachte, hatte sich in wenigen Wochen sein volles Terrain erobert.

Sonst aber war nicht Alles, wie es sein sollte.
Der Verdienst fiel so geringe aus, daß der armen
Frau Rosmarin wenig davon zu Gute kam. Auch die
Sonntagsfreuden wurden wesentlich verkümmert. Nur
ein Paar Wochen lang hatte Elias Brammer die Sonn-
tagsbesuche des Radjungen geduldet. Als er aber sah,
daß Frau und Tochter sich mehr mit ihm abgaben, als
ihm recht war, und ihn reichlicher versorgten, als er
missen zu können vermeinte, wies er dem Jungen die
Thür und verbot das Wiederkommen in so energischer
Weise, daß Jan es nicht wagte, diesem Verbote Trotz zu
bieten. Der Sonntag wurde zum Kummertag. Die
Schauspielerin und der Radjunge trennten sich mit
Thränen in den Augen und einem stummen Händedrucke.

Allmählich kam der Augustmonat heran; der
Monat, in welchem das Fest der Seiler gefeiert ward.
Schewe-Lieke nannte es das Volk: das Fest der Schiefen und der Geraden, sagten die Gebildeten. In diesem Monate wurden diejenigen Lehrburschen, welche
ihre Lehrzeit durchmachten, feierlich losgesprochen und
zum Gesellen gemacht. Darauf begannen die Spiele
der Schiefen und der Geraden. Einer der Burschen
schwärzte sich das Gesicht, machte sich künstlich einen
Höcker und erhielt in der einen Hand ein Pritschholz,

12*

in der andern eine blecherne Sammelbüchse. Mit
diesen beiden Attributen ausgerüstet, fuhr er auf dem
weit ausgedehnten Spielplatz, der die ganze Reifschlä=
gerei einnahm, wie eine zischende Rakete durch die gaf=
fende, plaudernde und lachende Menge. Mit den weni=
gen Schillingen, die in der Büchse waren, rasselte er
unaufhörlich, um neue anzulocken, und das Pritschholz
gebrauchte er, um sich Bahn durch das Gedränge zu
machen. Den kargen Zahler ermunterte er durch einen
derben Schlag zum Mehrzahlen, den splendiden gab
er einen gleichen aus Dankbarkeit. Es gehörte eine
Gewandtheit und eine Keckheit dazu, um dieses Amt zu
verwalten, die nicht Jedermanns Sache war, und es
galt als die bedeutendste Vorbereitung zu dem Feste
von „Schewe=Lieke," aus der Menge der Seiler= und
Radjungen den geeigneten Vertreter zu finden.

Auch dieses Mal wurde der wichtige Umstand
reiflich erwogen. Je gewandter der Sammelbursche
war, je reichlicher strömten die Schillinge in die Büchse
und je voller diese, wo möglich bis zum Rande, wurde,
je üppiger konnte die Bewirthung ausfallen, die aus
diesen Erträgnissen bestritten wurde.

„Ich meine," sagte der Bahnmeister bedächtig,
indem er den Finger an die Nase legte, „daß es gut

gethan sei, dem Jan Blaufink die Büchse zu geben. Er schlägt nicht so stark zu, wie die andern klobigen Burschen, und hat den Hanswurst noch vom Theater her in dem Kopf. Das ermuntert die Leute zum Lachen und fröhliche Leute mögen auch, daß die Andern fröhlich sind, darum geben sie doppelt und dreifach. Habe es seiner Zeit gehabt, daß mir ein alter lachender Herr ein blankes Vierschillingsstück in die Hand steckte.“

„Dann hattet Ihr auch wohl ein Stück von einem Hanswurst im Kopfe, Bahnmeister?“ fragte einer der älteren Seilerknechte und Jener erwiederte gutmüthig:

„Hatte ihn. Bald nachher schickten sie mich an Bord eines Grönlandsfahrers, denn ich wollte am Lande nicht gut thun; da ist denn bei Spitzbergen der Hanswurst in mir erfroren und nicht wieder lebendig geworden. Von todten Leuten aber thut man am besten, nicht weiter zu reden, das merke Dir.“

„Habe es mir schon gemerkt,“ entgegnete der Seilerknecht. „Und aus diesem Grunde ist es mir und den Andern recht, wenn Ihr dem Jan Blaufink die Büchse und das Pritschholz in die Hand geben wollt.“

„Man bringe ihn vor uns!“ entschied der Bahnmeister, und Jan Blaufink, der dazu erkohren war, die Schläge nach allen Seiten hin auszutheilen, ward selbst mit vielen Pfiffen und Stößen bis zu dem Schauplatz seiner dreitägigen Herrlichkeit geleitet.

Am Abend erschien er in seinem Glanze. Das Gesicht war mit Kienruß gefärbt und auf dem Kopfe saß eine weiße Papiermütze, deren Spitze eine brandrothe Schleife bildete. Er trug einen blauwollenen Kittel mit großen rothen Achselbändern, die aus einer alten Dragonerjacke herausgeschnitten waren. In der Rechten hielt er die Büchse, die aufleuchtete, wie blank polirter Stahl. In der Linken schwang er das Pritschholz und versuchte es zur Probe allererst auf dem Rücken des Bahnmeisters, der ihn scheltend zum Teufel gehen hieß.

Laut lachend sprang Jan Blaufink mitten in den dichtesten Haufen hinein und das Fest von Schewe-Lieke war im vollsten Gange.

Freude und Leid hausen oft neben einander unter demselben Dache. Hier prahlt der Reichthum mit tausend überflüssigen Dingen, die ihm zur Last fallen, dort nagt die Armuth am Hungertuch und bittet mit thränenden Augen um eine Stunde Schlaf, den drohenden Mangel zu vergessen.

Mitten in dem bunten Gewühl von Lachenden und Zechenden, welche sich in der sonst so einsamen

Allee der Reeperbahn auf= und abbewegte, schlich eine
verhüllte Frauengestalt. Sie blickte furchtsam um sich,
machte mehrere Male Miene, einen oder den andern
der Vorübergehenden anzureden, stand aber jedes Mal
davon ab, aus Furcht, hart angelassen zu werden.
Endlich vermochte sie dem Drange der innersten Noth=
wendigkeit nicht zu widerstehen. Sie trat an eine Frau
heran, die einen großen Henkelkorb am Arm, sich das
bunte Treiben wohlgefällig betrachtete, und sagte leise:

„Ich bitte Euch um Gottes Barmherzigkeit willen,
mir einen Dreiling zu Brod zu schenken.“

Die Frau that, als hörte sie es nicht. Die ver=
hüllte Bettlerin wiederholte nach einer Pause ihre Bitte,
indem sie den Henkelkorb berührte, um die Aufmerksam=
keit der Frau zu erregen.

Da fuhr das Weib laut schreiend auf: „Was
hat Sie? Wer ist Sie? Was will Sie?“

„Um Gotteswillen!“ entgegnete Jene erschrocken.
„Mache Sie nicht solchen Lärmen. Die Leute sehen
uns ja an.“

„Was ich sage und thue, kann die ganze Welt
hören und sehen!“ fuhr das Weib fort. „Aber Sie
mag wohl Ursache haben, sich zu fürchten vor den
Leuten, sonst würde Sie sich nicht so verhüllen.“

Die Erschrockene streckte flehend die Hände aus
und sagte:

„Habe Sie doch mindestens Erbarmen . . . .“

„Die Hand weg!“ kreischte Jene noch lauter.
„Ich merke ohnedies, daß es auf meinen Korb abgesehen
ist. Um einen Dreiling wird gebettelt und ein Thaler
wird genommen!“

„Was untersteht Sie sich! . . . .“ rief die bis
dahin so demüthige Frau; allein sie kam nicht weiter.
Schaam und Zorn verschlossen ihr den Mund, während das Weib mit dem Henkelkorbe laut ausrief:

„Man soll mit dem Diebsgesindel wohl noch
Umstände machen. Heda, Leute! Hier ist eine Diebin!“

Das Volk drängte sich um Beide.

Unterdessen hatte Jan Blaufink in immer kühne-
ren Kreisen seine Bahn durchlaufen und war oft über
dieselbe hinausgeschweift. Das Pritschholz war nicht
müssig und die Büchse füllte sich mehr und mehr. Es
stand ein tüchtiges Trinkgelag für die folgenden Tage
bevor. Je ausgelassener er war, je mehr ermunterten
ihn seine Gefährten, und immer ungebändigter verfolgte
er sein Ziel, das er mit jeder Viertelstunde weiter
hinaussteckte. Jetzt wieder schoß er zwischen die Bäume
durch und flog auf einen Menschenknäul zu, der ihm

wie eine Mauer entgegen trat. Allein Jan Blaufink war nicht gewohnt, vor solchen Hindernissen zurückzubeben. Wacker hieb er sich mit dem Pritschholz in den dichten Haufen hinein und stand der armen Bettlerin gegenüber, die vor Angst und Schrecken in die Kniee gesunken war.

„Wer von Euch hat die arme Frau umgeworfen?" schrie Jan Blaufink und streckte die Hand nach ihr aus. „Helft mir sie aufrichten."

„Das fehlte noch!" entgegnete Jemand. „Es ist eine Diebin und sie gehört von Rechtswegen auf die Wache."

„Nein! Nein!" wimmerte die Bebende. „Ich habe nur um einen Bissen Brod gebettelt."

„Die Frau mit dem Henkelkorbe hat es aber gesagt, daß sie eine Diebin ist — wo ist sie denn geblieben? — Diebe gehören auf die Wache."

„Wenn sie auf die Wache soll," rief Jan Blaufink, „will ich sie selbst dahin bringen. Ich habe hier die Polizei."

Die Bettlerin, welche schon vorhin bei dem Klange dieser Stimme aufhorchte, stöhnte jetzt:

„Jan! Jan!"

„So heiße ich!" sagte dieser. „Macht Platz für mich und die Frau!"

Er stieß die Worte mit bebender Hast heraus, denn auch er hatte die Stimme der Frau erkannt und sah bei dem letzten Schimmer des Abends in das blasse Gesicht der Frau Rosmarin. Sein Herz schlug gewaltig; aber die Gegenwart des Geistes verließ ihn nicht und im Befehlshaberton gebot er:

„Macht Platz! Ich bin der Armenvoigt und da ist die Wache!"

Er deutete auf einen der Spinnschuppen, der ihm am nächsten lag. Lachend und zugleich scheltend wichen sie vor dem Repräsentanten des „Schewe-Lieke-Festes" zurück.

Jan und Frau Rosmarin verschwanden in dem Innern des Schuppens.

———

Es brennt!

„Halt und stopp!" sagte Jan Blaufink, indem sich die arme Frau auf einen Sack voll ausgeplüsten Werg niederließ. „Hier sollst Du sitzen. Da ist es hübsch weich."

Sie war unfähig, ein Wort zu sagen. Jan begab sich in eine Ecke, wo er in einem Kasten kramte und brachte einige Lebensmittel, die er vor sich her auf einem Brette, herbeitrug:

„Sie haben mich heute gut versorgt. Hier habe ich Brod vollauf, da ist Speck und Fleisch. Nun greife zu, Mütterchen, und lasse es Dir wohl bekommen."

Bei dem Anblick dieser guten Gaben erwachte der Naturtrieb in voller Stärke. Frau Rosmarin legte das Brett auf ihren Schooß.

„Und eine Kruke mit Bier habe ich auch bekommen, weil ich der Pritschmeister bin. Es ist ein guter Trunk und wird Dich stärken."

Frau Rosmarin trank. Sie reichte ihm den Krug zurück und sagte mit dankbarem Lächeln:

„Nun bin ich gesättigt. Dank sei Dir. Wie entsetzlich ist es, was ich erduldete."

„Du Aermste! — Warst Du so arm, daß Du die Leute auf der Straße um ein Stück Brod ansprechen mußtest, während ich hier in den letzten Tagen Alles vollauf hatte? Aber ich bin nicht schuld. Es war so Vieles zu thun; keine Stunde hatte ich frei."

„Entschuldige Dich nicht, Kind! Ich kenne ja Dein Herz."

„Was mußt Du ausgehalten haben, bevor Du auf diesen Gedanken gekommen bist!" sagte Jan. „Aber, daran ist gewiß die garstige Jungfer Mewes schuld. Nun, die soll sich in Acht nehmen, wenn ich am nächsten Sonntage in die Stadt komme."

„Nein, Kind, sie ist nicht schuld. Du weißt ja, wie ich mir forthelfe und daß die Nähnadel nicht viel abwirft. Zudem fieberte ich und konnte eine Woche lang gar nichts thun. Horch, wie sie draußen toben und schreien! Sie suchen mich und wenn sie hierher kommen, bin ich verloren."

„Hierher kommen sie nicht, dafür bin ich gut!"

entgegnete Jan. „Aber wenn es Dich beruhigt, will ich einmal hinausgehen und nachsehen."

Er ging und kehrte bald darauf zurück, indem er sagte:

„In der Nähe des Schuppens ist Keiner mehr. Der große Haufen hat sich nach dem Pesthofe hin verzogen. Uebrigens ist es spät. Die Leute gehen nach der Stadt und es ist Zeit für Dich, sonst klappen die Thüren zusammen und Du mußt die Nacht draußen bleiben."

„Ich komme!" sprach Frau Rosmarin, sich erhebend. „Dank sei Dir für Deine Liebe! Lebe wohl!"

„Du sollst nicht allein gehen, Mütterchen; Du kannst es gar nicht. Ich will Dich begleiten. Setzt es morgen auch eine Tracht Schelte! Pah, ich mache mir nichts daraus. Warte! Ich werfe nur die Narrenmütze weg und reiße die rothen Klappen von den Schultern ab. So! Nun ist's gethan! Komm, stütze Dich auf mich! Wenn wir erst durch das Thor sind, können wir uns Zeit nehmen."

Das bunte Treiben dauerte draußen fort; allein das belebende Element fehlte in demselben. Das Pritschholz klatschte nicht mehr; die Sammelbüchse rasselte nicht. Aus keinem Munde erscholl der Ruf: „Hurrah, Jan Blaufink!"

„Wo ist der Donnersjunge!" rief der Bahnmei= ster, und einer der losgesprochenen Lehrburschen, der nahe bei ihm stand, entgegnete: „Ich weiß es nicht!"

Die Frage nach dem Jungen vermehrte sich. An allen Enden der Bahn ließ sie sich vernehmen. Die Antwort blieb dieselbe. Keiner wußte, was aus ihm geworden war.

Da brachte einer der Seilerknechte einen Jungen herbeigeschleppt, der sagte wunderliche Dinge aus. In der großen Allee hätte ein Weib das andere bestehlen wollen und sei bei dem Diebstahl ertappt. Ein großer Lärmen wäre entstanden und die Diebin hätte in die Wache gebracht werden sollen. Da wäre Jan Blau= fink erschienen, hätte sich mit seinem Pritschholz durch= geschlagen, die Diebin bei dem Arm genommen und sei mit ihr weggelaufen, indem er den Zurückbleibenden nachrief, er sei der Polizeimeister und werde sie selbst nach der Wache bringen.

„Wohin er mit ihr gegangen, das wußte Keiner," setzte der Junge endlich hinzu, „aber auf die Wache hat er sie nicht gebracht, denn dort hätten sie das Weib behalten. Ich habe aber eben deutlich gesehen, daß sie, auf Jan Blaufink gestützt, nach dem Thor zugegangen ist. Das ist gewißlich wahr."

„Sehe mir einer den Taugenichts!" sagte der Bahnmeister. „Und darum verläßt er seinen Posten?"

„Es ist, wie ich Euch sage!" bekräftigte der Junge nochmals.

„Und Er wußte von Nichts?" fragte der Seiler= knecht von vorhin den Bahnmeister.

„Gar nichts."

„Und die Schillingsbüchse hat er Ihm auch nicht vorher abgeliefert?"

„Mir hat er Nichts gegeben."

„Dann steckt der Jan mit der Diebin unter einer Decke und ist mit ihr auf und davon!" platzte der Sei= lerknecht heraus.

„Alle Donner!" fuhr der Bahnmeister los. „Frisch, alle Mann und hinter dem Spitzbuben her!"

Wie ein Blitz schnell und zündend, flogen diese Worte durch die Bahn:

„Jan Blaufink hat die Sammelbüchse gestohlen und ist mit einem lüderlichen Weibsbilde davon ge= laufen! Greift ihn! Greift ihn!"

„Das Greifen soll schon besorgt werden, wenn wir ihn nur erst haben!" meinte einer der Losgespro=

chenen. „Schade um den Jungen! Ich mochte ihn
wohl leiden und kann es mir gar nicht denken, daß
er ein Dieb sein soll. Besser bedacht, laufe ich auch
nicht mit hintendrein. Es könnte mir leid thun, wenn
sie ihn griffen und er müßte, wie ein Dieb, in's
Zuchthaus."

Die Meute sprengte dem vermeintlichen Flücht=
ling nach. Aber ehe diese das Thor erreichte, waren
Jan Blaufink und Frau Rosmarin längst durch dasselbe
und in die Stadt hineingegangen.

In der Mitte des neuen Steinweges hielten sie
an und Jan sagte:

„Wir haben es nun nicht mehr so eilig. Mutter=
chen muß sich erst ein wenig verschnaufen und das
Zanken der Jungfer Mewes kriegen wir noch früh ge=
nug zu hören. Wird Die losfahren, wenn sie mir
heute Nacht gezwungen Quartier geben muß. Sagtest
Du etwas, Mutterchen?"

„Ich weiß nicht, wie mir ist, Kind! Es fällt mir
schwer auf das Herz und ein Fieberschauer durchrieselt
mich. Wir wollen doch lieber nach Hause gehen."

„Gleich, Mutterchen! Ich sehe nur . . . Was ist
denn das? Kann am Abend die Sonne aufgehen? Sieh
nur, wie es über uns leuchtet!"

Der Horizont glühte in feuriger Lohe. Zu gleicher Zeit schrillten die Pfeifen der Nachtwächter durch die Straßen. Die Glocken auf den Thürmen zogen an.

Die Straßen, welche schon ziemlich entvölkert waren, füllten sich wieder. Die Hausthüren thaten sich auf. An den Fenstern erschienen Lichter. Es ward gefragt und wieder gefragt, herüber und hinüber. Keiner wußte zu antworten.

„Der Richtung nach zu urtheilen," sagte ein langer Mann im Schlafrock, „muß das Feuer . . . ."

„Ach, was Richtung!" unterbrach ihn sein ungeduldiger Nachbar. „Augenmaaß täuscht. Da kommt der Nachtwächter! Der soll uns beichten!"

Der Nachtwächter, die Pfeife an den Mund setzend, kam schnellen Schrittes daher.

„Wo brennt's? Wo brennt's?" stürmten ihm Alle entgegen, die auf dieser Stelle versammelt standen.

„Ich weiß es nicht!" antwortete er im Gehen.

„Er weiß es nicht, und ist Nachtwächter?"

„Ich habe hier nur zu pfeifen! Platz für die Obrigkeit!"

„Achtundvierzig Schläge von Sanct Nicolai!" rief es an einer andern Stelle. „Vor Kurzem waren es erst dreißig."

„Das ist ein großes Glockenfeuer, Nachbar."

„Gott bessere es und tröste die armen Menschen, die davon betroffen werden", war die Antwort. „Aber manche Leute gehen auch unverantwortlich leichtsinnig mit Feuer und Licht um! Da zieht die Glocke schon wieder an. Zählt einmal, Nachbar."

„Zwei und funfzig!" sagte dieser, als die Glocke wieder schwieg. „Hat denn der Hausknecht die Feuer= eimer fortgetragen?"

„Freilich! Aber wohin er damit gerathen ist, weiß ich nicht. Kein Mensch hat uns noch gesagt, wo es brennt."

Jan Blaufink war mit seiner Begleiterin nur langsam von der Stelle gekommen. Das wachsende Gedränge hielt sie auf. Er wurde ernstlich besorgt, denn seit dem Ausbruch des Feuers hatte sich Frau Rosmarin seltsam verändert. Sie wurde von einer lebhaften Unruhe fortgetrieben.

Da rasselte eine neue Spritze dicht an ihnen vor= über. Ein Wasserwagen folgte. Die Spritzenleute in den langen, weißen Kitteln und den braunen Lederkap= pen hatten es gar eilig.

„Rohrmeister! Wo brennt es?" erscholl der er= neuerte Ruf, und dieser rief zurück:

„Auf dem Brauerknechtsgraben!"

Frau Rosmarin hatte es gehört. Sie fuhr bei dem Namen dieser Straße zusammen und schrie mit Anstrengung aller ihrer Kräfte:

„Wo da? Wo da?"

Ein Sprißenmann, der zufällig etwas zurückgeblieben war, antwortete ihr:

„Die ehemalige Janna Straußin'sche Brauerei steht in vollen Flammen!"

Ein furchtbarer Schrei folgte diesen Worten. Frau Rosmarin brach zusammen.

„Mutterchen! Mutterchen!" rief Jan Blaufink erschreckend. „Was soll das bedeuten?"

Nur mit Mühe gelang es ihm, sie aufrecht zu halten. Ein Paar Frauen, die in der Nähe standen sprangen ihm hülfreich bei.

Ein Paar Minuten lang lag sie starr und regungslos in den Armen der helfenden Frauen. Ihre Augen waren geschlossen. Jan Blaufink sah sie mit ängstlichen Blicken an und nannte sie mit den zärtlichsten Namen.

Plötzlich richtete sie sich auf. Sie stand allein und sagte zu ihren Helfern:

„Ich danke Euch für Euern Beistand. Mir ist

wieder ganz wohl. Komm, Jan! Komm! Wir
müssen eilen."

Und als wäre nach der kurzen Ohnmacht ein
neuer Geist über sie gekommen, schritt sie weiter. Jan
Blaufink, der vor Staunen kein Wort hervorbringen
konnte, folgte ihr schweigend.

Eine Strecke ging es weiter, dann bog sie in eine
Seitenstraße ein. Er hielt sie zurück und sagte:

„Das ist nicht unser Weg."

„Wohl ist es u n s e r Weg", entgegnete sie eilig.
„Unsere Straße geht dem Feuer zu. Da wird mir
besser; da werde ich gesund."

„Was sprichst Du, Mutterchen? Was geht Dich
das Feuer an? Kannst Du gesund werden, weil an=
dere Leute in's Elend gerathen?"

„Davon weißt Du nichts!" entgegnete sie fast hart.
„Bleibe oder gehe, aber halte mich nicht auf."

Und mitten durch das Gedränge machte sie sich
eine Bahn. Jan Blaufink war auf ihrer Ferse.

Auf dem Brauerknechtsgraben standen nicht blos
Brauerben. Es befanden sich auch andere Baulich=
keiten dort, unter andern geräumige Lagerkeller, von
denen Herr Elias Brammer den einen miethsweise
besaß.

Die Pfeife eines Wächters, der das Feuer ankün=
digte, und die Sturmglocke, deren Schläge sich mit
dem Steigen der Flammen mehren, schallen weit. Auch
auf den Vorsetzen wurden sie vernommen. Die Fen=
ster flogen auf und Einer rief dem Andern zu: „Wo
brennt's?"

Von der Straße herauf fehlte die Antwort nicht.

„Da liegt mein Keller!" rief jammernd Elias
Brammer und fuhr in die Kleider. „Frau, erhebe
Dich und gehe mir zur Hand! Schnell, wie der Wind!
Wo schnarcht der Hasenfuß, der Junge? — Her mit
dem Hut! — Schicke mir den Jungen mit den Feuer=
eimern nach und schließe die Hausthür wieder zu.
Wer weiß, ob ich bei aller Eile nicht schon zu spät
komme und in diesem Augenblick das Haus Brammer
schon ruinirt ist."

Er stürmte fort und langte auf der Brandstätte
an. Das Haus, unter welchem sich sein Waarenkeller
befand, lag weit von derselben ab. Ein Stein fiel
ihm vom Herzen. Er athmete tief auf und hatte nun
auch Augen für das ruhelose Treiben um ihn her.

Die Seilerjungen, welche den Jan verfolgten, wa=
ren bis in die Stadt gerathen und dem allgemeinen
Zuge gefolgt. Die Aufregung, worin Hamburg sich

befand, hatte auch sie ergriffen und ihr eigentlicher Auftrag war ihnen abhanden gekommen. — In dem großen Gedränge hatten sie sich verloren und suchten vergebens, sich wieder zusammenzufinden.

„Du!" stieß Einer seinen Kameraden an. „Sieh einmal, wer da steht?"

„Was geht es mich an? Komm Du vielmehr hierher und lange Feuereimer zu. Wenn wir einmal auf der Brandstätte sind, wollen wir auch als rechtschaffene Christen unsere Schuldigkeit thun."

„Gut! Aber dann soll Der, den ich meinte, auch mit dabei sein. Den alten Geizhals, den Elias Brammer, meine ich. Drei Mal haben wir ihm eine schwere Ladung vor die Thür gebracht und die Last in seinen Keller getragen, was wir nicht nöthig hatten, und drei Mal hat er uns ohne Trinkgeld nach Hause geschickt. Dafür soll er seinen Lohn haben."

„Das lasse ich gelten! Wo ist er denn? Aha! Ich sehe ihn schon! Es stehen uns aber so Viele im Wege."

„Hat nicht noth! Das wollen wir bald kriegen! Heda, Leute! Da steht ein Mann, der uns gerne eine Hand leihen will bei'm Wassertragen. Laßt ihn hindurch! Schiebt ein Bischen nach."

Es geschah nach ihrem Willen. Elias Brammer schlug um sich und schrie: „Wer untersteht sich? — Wer vergreift sich an mich? — Laßt los!"

Mit den letzten Worten fiel er gegen die beiden muthwilligen Seilerburschen, die ihn sofort in die Mitte nahmen:

„Guten Abend, Herr Brammer! — Auch ein Bischen hier, Herr Brammer? — Das ist christlich von dem Herrn. Er will auch dem Unglücklichen eine Hand leihen? Das ist brav. Nun, hier ist gerade ein Platz frei. Bleibe Du da stehen, Gottlieb! Ich stehe hier und Herr Brammer kommt in die Mitte. Ihm gebe ich die vollen Eimer und er liefert sie an Dich ab. Hurrah für den Ersten! Festhalten, Herr Bram=mer! Festhalten!"

Umsonst widerstrebte der geängstigte Krämer den kräftigen Seilerburschen. Er mußte in Reihe und Glied stehen und die ledernen Feuereimer weiter rei=chen. Er war von Wasser überströmt; der Schweiß rann ihm von der Stirn; der Athem drohte ihm zu vergehen; aber an eine Erlösung war nicht zu denken.

Den rastlosen Bemühungen war es gelungen, die bedrohten Nachbarhäuser zu retten. Das Feuer blieb auf das Brauerbe beschränkt, dessen rauchenden, glü=

henden Trümmer mit lautem Krachen zusammenstürzten. Die erschöpften Feuerleute konnten sich einige Minuten der Erholung gönnen.

„Es ist dahin!" sprach Frau Rosmarin, die nicht von der Stelle gewichen war. „Versenkt in Staub und Asche der Bau, an dessen Wände meine Flüche wiederhallten. Ein Schutthaufen deckt das Grab, worin meine Jugend begraben liegt."

„Sprich nicht solche entsetzliche Dinge, von denen ich nichts verstehe und die mir eine Gänsehaut machen", bat Jan mit rührender Stimme. „Höre auf mich, Mutterchen, und lasse uns endlich nach Hause gehen. Es ist die höchste Zeit."

„Ja, Kind, wir wollen es!" entgegnete sie, wie aus einem Traume erwachend. „Gieb mir die Hand, mein lieber Junge, und führe mich. Allein bin ich nicht im Stande, weiter zu gehen."

„Lege Deine Hand auf meine Schulter und stütze Dich fest darauf. Ich schlinge meinen Arm um Dich und dann soll es wohl gehen."

Die bunt = gegliederten, lebendigen Ketten, welche die Eimer von den Wasserschläuchen bis zur Brand=stätte beförderten, lösten sich auf. Herr Brammer schüttelte sich und wischte den Schweiß von der Stirn.

Seine beiden Quälgeister lobten ihn ob seiner Helden=
that und lachten sich dabei in's Fäustchen. Da rief
plötzlich der Eine aus:

„Ich habe ihn!"

„Wen hast Du?"

„Den Jungen, der uns davon gelaufen ist und
den wir suchen sollten."

„Jan Blaufink?"

„Da kommt er mit einem Weibsbilde am Arme.
Nun, der läuft uns geradezu in's Garn, ohne daß es
uns Mühe macht. Und die Ehre haben wir davon."

Der Name, welcher genannt wurde, erregte die
Aufmerksamkeit des Elias Brammer. Er fragte und
erhielt zur Antwort:

„Das haben wir Ihm auch zu danken. Er hat
uns den Taugenichts auf die Bahn gebracht, und nun
erleben wir Schimpf und Schande an ihm."

Es war keine Zeit zu weiteren Erklärungen. Jan
war ganz nahe und hatte keine Ahnung von Dem, was
ihm bevorstand. Seine Aufmerksamkeit galt allein der
Frau Rosmarin, die nur langsam von der Stelle
konnte, nachdem die große Aufregung vorüber war.

„Haben wir Dich, Du Spitzbube?" brüllten die

Seilerknechte, indem sie ihn mit starker Hand ergriffen und seine Begleiterin auf die Seite schoben.

Für den Augenblick war Jan Blaufink von dem unerwarteten Angriff betäubt. Er ließ sich einige Schritte fortschleppen, geradesweges dem Elias Brammer entgegen und der eine der Knechte rief demselben zu:

„Da ist das Geschenk, das wir Ihm danken! Sehe Er zu, wie Er es wieder gut macht, daß Er uns einen solchen Spitzbuben auf den Hals lud."

„Spitzbube?" rief Jan und der Zorn bemächtigte sich seiner. „Wer mich einen Spitzbuben nennt, den nenne ich einen Ehrenschänder und will ihm den Lohn für seine Bosheit nicht schuldig bleiben."

„Du bist still, ganz still; sonst wollen wir Dir gleich einen Denkzettel geben, den Du Dein Lebstage nicht vergessen sollst. Wir sprechen uns draußen auf der Bahn. Du gehst wohl jetzt nicht gerne dahin?"

„Warum nicht? Wohin sollte ich anders gehen?" antwortete Jan. „Ich will nur die Mutter zu Hause bringen. Wo ist sie geblieben? Wo? Wo?"

„Mutter!" schrie Elias Brammer. „Wie kommst Du zu einer Mutter, da Du doch ein Waisenkind bist? Hollah, Junge! Ist das der Lohn für die Dienste, die man Dir leistete? Ein Dieb bist Du geworden? Ein rechter gemeiner Dieb?"

„Wenn Er das Wort noch ein Mal ausspricht, hat Er meine Hand an der Kehle."

„Hört Ihr das, Leute?"

Die Umstehenden nahmen Theil an dem Auftritt; Jeder in seiner Weise. Jan Blaufink, der alle Augen auf sich gerichtet sah, rief dem Kaufmanne zu:

„Er will mir Seine Hand gereicht und mir Beistand geleistet haben? Ich soll Ihm Dank schuldig sein? Wenn das jemals gewesen ist, so war die Schuld mit dem einen schweren Wort gelöscht, was Er mir jetzt zugerufen hat."

„Begehre nur nicht groß auf!" rief der Seilerknecht, dessen Hand in seinem Nacken saß. „Da kommen die Dragoner und machen die Straße frei. Es ist Zeit, daß wir wegkommen. Aber wohin? Es ist Nacht und die Thore sind geschlossen."

„Sie stehen sperrangelweit auf, wie immer, wenn in der Stadt ein großes Glockenfeuer ist", sagte Herr Brammer. „Geht voran! Ich eile nach Hause und kleide mich um, dann komme ich Euch sofort nach, denn ich will dabei sein, wenn über den Taugenichts Gericht gehalten wird."

Jan Blaufink ergab sich in sein Schicksal. Seine Brust arbeitete heftig und das Herz schlug so gewaltig, daß es zu zerspringen drohte. Aber er zwang sich zur Ruhe und sagte zu seinen Begleitern:

„Es ist gut. Ich ergebe mich Euch und will gehen, wohin Ihr wollt. Aber um Eines bitte ich; nur um Eines. Sagt mir, weshalb ich ein Dieb sein soll? Wen von Euch habe ich bestohlen und was habe ich ihm genommen?"

„Das sollen wir Dir sagen?" rief der Aelteste von den Beiden und wußte sich vor Erstaunen nicht zu lassen. „Hast Du es gehört, Friede? Wir sollen es ihm sagen? Man könnte lachen, wenn es nicht so unverschämt wäre, daß man sich darüber schwarz ärgern müßte. Aber es soll gelten, damit Du nicht sagen kannst, es sei Dir in irgend einer Beziehung Unrecht geschehen. Haben wir Dir nicht das Pritschholz in die Hand gegeben und die Sammelbüchse dazu? Und bist Du nicht mit der vollen Büchse davon gelaufen und hast ein fahrendes Frauenzimmer mit Dir genommen? Willst Du das leugnen?"

„Und darum?" fragte Jan Blaufink und dunkle Röthe stieg ihm in das Gesicht. „Darum werde ich auf offener Straße aufgegriffen und als ein Dieb

fortgeschleppt? Darum reißt Ihr eine hülflose alte
Frau von meinem Arm weg . . .? Wo ist sie nun
hingerathen? O, Mutter! Mutter! — dafür soll das
böse Zeug über Euch kommen!"

„Du willst wohl mit Deinem Geschrei die Leute
rebellisch machen, damit sie Dir gegen uns beistehen
sollen, weil wir unser zwei starke Kerle sind? Komm,
komm, und lasse Dir Gutes rathen! Blindes Unter=
werfen kann Dir allein noch zum Guten ausschlagen
und Du mit einer schimpflichen Züchtigung davon
kommen."

Jan Blaufink sah, daß er der Uebermacht keinen
Widerstand leisten könne, und ging zwischen den beiden
Gesellen, die ihn mit scharfen Augen bewachten, lang=
sam weiter. Der Tag dämmerte schon, als sie durch
das hohe, gewölbte Thor in die Vorstadt hinausschritten.

Die Kunde, daß der Dieb eingefangen sei und
alsbald auf der Bahn anlangen werde, war ihnen schon
vorausgeeilt. Wer irgend zu der großen Reepschläge=
rei gehörte, drängte sich herzu. Auf Anordnen des
Bahnmeisters wurde ein Halbkreis gebildet und es be=
gann eine Berathung, ob und auf welche Weise man
das Strafamt verwalten solle? Damit diese Berathung
durch Nichts gestört werde, ward der Befehl gegeben,

den Sträfling bei seiner Ankunft sorgfältig zu bewachen
und ihn erst den Richtern vorzuführen, wenn der Befehl dazu gegeben würde.

Kaum hatte diese Berathung ihr Ende erreicht,
als Herr Elias Brammer erschien und auf den Bahnmeister zuging. Dieser empfing ihn nicht besonders
freundlich und sagte:

„Das hat man nun davon, wenn man den Kunden gefällig ist. Was soll man denken, wenn ein
Herr, wie Elias Brammer, uns gewissermaßen zwingt,
einen Jungen in Dienst zu nehmen, der uns bestiehlt
und noch groß auftrumpft, obgleich er bald nach der
That ergriffen wird?“

„Es ist mehr als zu arg!“ sagte Herr Elias
Brammer, „und ich weiß mich vor Zorn und Wuth
nicht zu lassen. Das kommt dabei heraus, wenn man
sich von den Weibern beschwatzen läßt. Aber es soll
auch gewiß das letzte Mal gewesen sein . . . .“

„Papperlapap!“ entgegnete der Bahnmeister. „Ob
Er sich von Seinen Weibern, oder von Wem sonst
hat beschwatzen lassen, das ist uns ganz egal. Wir
haben den Schimpf davon und den Verlust an baarem
Gelde dazu. Für den letztern aber kommt Er uns
auf . . .“

„Wer? Ich?"

„Ja, wer denn anders? Er hat uns den Jungen empfohlen und wir haben denselben auf Treu und Glauben angenommen. Dadurch ist er Er der Bürge für den Jungen geworden und für allen Schaden und Nachtheil, den derselbe anrichtet, verantwortlich."

„Das wollen wir einmal sehen! Ich soll in die Tasche greifen und zahlen, was . . . . ."

Der Zorn erstickte seine Stimme. Er gestikulirte lebhaft und focht mit den Armen durch die Luft.

„Das wäscht Ihm kein Regen ab. Vielleicht macht es Ihn für das Künftige klüger und Er spielt nicht mehr den Beschützer für jeden hergelaufenen Jungen, der Ihm in das Haus geschneit kommt. Und nun Lied am Ende! Bringt den Jungen hierher!"

„Mir her den Jungen!" rief Herr Elias Brammer. „Ich will ihn zuerst durchwalken."

„Nicht rühran!" sagte der Bahnmeister. „Das ist unsere Sache. Da ist er! Jan Blaufink stelle Dich dahin."

Dieser that, wie ihm geheißen wurde. Der Bahnmeister sah ihn mit einem vernichtenden Blicke an und hielt ihm eine Strafpredigt, die bei jedem Andern das Haar auf dem Kopfe zum Sträuben gebracht hätte.

Jan Blaufink hörte ihn gelassen an, und fragte dann:

„Wollt Ihr mir sagen, weshalb Ihr mich auf offener Straße aufgreifen laßt? Warum bin ich hierher geschleppt? Und warum muß ich alle diese Schimpfreden über mich ergehen lassen? Ich bin ein armer Junge und besitze nichts auf der Welt, als einen Namen, den man mir in Spott und Uebermuth beilegte und den ich behielt, weil ich nicht länger namenlos in der Welt umher irren wollte. Aber den Namen soll man mir lassen, rein und ungeschädigt. Wer ihm einen Schimpf anthut, dem werde ich es nachtragen ewiglich."

„Du hast ein großes Recht, so zu reden und zu thun, als ob Du ein vornehmer Hans wärest, der uns Alle nach Herzenslust herunterkanzeln könnte!" sagte der Bahnmeister.

„Hört ihn nicht weiter an!" fuhr Elias Brammer dazwischen, „sondern walkt ihn tüchtig durch und laßt auch mich ihm einen Denkzettel geben."

Jan Blaufink sah sich nicht nach ihm um, sondern fuhr fort zu dem Bahnmeister zu sprechen:

„Leicht ist es, einem Menschen die Ehre abzuschneiden und ihn um seinen guten Namen zu bringen;

aber schwer ist es, ihm Beides wieder zu geben. Was
werdet Ihr sagen und thun, wenn Ihr hört, daß ich
unschuldig bin und Ihr selbst gestehen müßt, daß Ihr
mich fälschlich angeklagt habt?"

Ein Gemurmel ging durch den Kreis. Ein Ge=
murmel des Unwillens, daß man mit einem dummen
Radjungen solche Umstände mache. Das Lärmen stieg.

„Warum wollt Ihr mich nicht hören?" rief Jan
Blaufink unerschrocken in das immer lauter werdende
Murren hinein. Habe ich Eure Anschuldigungen
dulden müssen, sollt Ihr auch anhören, was ich sage,
um meine Unschuld darzuthun."

„Gut!" sagte der Bahnmeister. „Rede denn; aber
kurz und bündig. Ich will auf jedes Wort genau
merken und es abwägen."

Es kam nicht dazu. Einer der Lehrburschen, die
außerhalb des Kreises aufgestellt waren, um Zudring=
liche abzuwehren, kam herbei und meldete, daß eine
Frau sich eingefunden habe, die für die Unschuld Jan
Blaufink's zeugen wolle. Sie sei außer Athem und
so hinfällig, daß sie sich nicht aufrecht erhalten könne.

„Das ist die Mutter!" rief Jan erregt.

„Bringe sie hierher, Detlev", entschied der Bahn=
meister. „Es soll nicht gesagt werden, daß wir einen

Mund geschlossen hätten, der für die Unschuld eines
Menschen sprechen will. Aha! Da ist sie schon! Hier=
her, Frau!"

Jan Blaufink eilte ihr entgegen und schloß sie
in seine Arme.

„Um meinetwillen kommst Du?"

„Ja, um Deinetwillen", sprach Frau Rosmarin.
„Sie hatten mich im Gedränge von Deinem Arm ge=
rissen; allein ich hörte die schändliche Beschuldigung und
wohin man Dich brachte. Da raffte ich mich zusammen
und bin nun hier, um Zeugniß abzulegen."

„Sie würden Dir nicht glauben, wenn Du es
thätest, so wenig, als sie mir glauben würden,
wenn ich nicht den klaren Beweis meiner Unschuld
führen könnte. Ja, es ist wahr, daß ich über den
Kreis, der mir gezogen ward, hinausgeeilt bin, um
Spenden für Euch zu sammeln. Es ist wahr, daß ich
dort diese Frau traf und sie vor Mißhandlungen ret=
tete. Es ist wahr, daß ich sie nach dem Spinnschup=
pen brachte, wo mir meine Schlafstelle angewiesen ist,
und sie mit Speise und Trank erquickte, damit sie sich
wieder erhole. Und es ist wahr, daß ich sie nach der
Stadt zurückführte und ihr meinen Arm zur Stütze
lieh. Aber es ist erlogen, daß ich Euere Sammelbüchse

mit mir nahm, wie Ihr mich beschuldigt. Ehe ich den
Gang antrat, habe ich das mir anvertraute Gut sorgfältig geborgen. Die Büchse steht in des Bahnmeisters
eigener Kammer, an dem Ort, wo sie immer zu stehn
pflegt. Das Siegel, womit sie verschlossen ward, ehe
man mir sie in die Hand gab, ist daran geblieben
und wenn Ihr hineingeht, werdet Ihr finden, daß es
sich so verhält, wie ich gesprochen habe."

Diese letzten Worte machten einen unverkennbaren
Eindruck auf die Versammlung. Man zischelte unter
einander und der Bahnmeister sagte:

„Wenn das — Nein! Es ist nur eine Finte..."

„Es liegt in Eurer Hand, mich abermals Lügen
zu strafen, oder an Eurer Bosheit zu ersticken!" sprach
Jan Blaufink. „Aber ich darf es fordern und fordere
es von Euch, daß Ihr geht und Euch von der Wahrheit meiner Aussage überzeugt."

„Das darfst Du fordern!" sprach entschlossen der
Bahnmeister. „Und es soll alsbald geschehen. Herr
Elias Brammer, ich ersuche Ihn, mich zu begleiten,
Du. Detlev, gehst auch mit, damit ich Zeugen für Das
habe, was ich finde. Ihr Andern rührt Euch nicht
von der Stelle. Wir kommen gleich zurück."

Während die Drei sich entfernten, blieb Alles still.

Jan Blaufink sah sich ruhig im Kreise um und blickte zärtlich auf Frau Rosmarin, die ihn liebkoste.

Nach einer Viertelstunde kehrten die drei Abgesandten wieder. Herr Elias Brammer war etwas außer Fassung und blieb ein Merkliches hinter dem Bahnmeister zurück. Dieser trat in den Kreis und sagte:

„Wir sind in meine Kammer gegangen und haben dort Alles so gefunden, wie er gesagt hat. Die Büchse stand an der gewohnten Stelle; sie ist ganz gefüllt, und das Siegel hat keinen Schaden genommen. Sonach ist Jan Blaufink unschuldig und wir haben uns an ihm schwer vergangen.“

„Es ist gut, daß Ihr das einseht, und damit bin ich zufrieden,“ sagte Jan. „Ihr habt mir sehr weh gethan und mir ein großes Herzeleid bereitet, allein es ist vorbei und ich denke nicht mehr daran.“

„Halt und stopp!“ entgegnete der Bahnmeister. „So wohlfeil kommt Keiner davon. Wir haben Dir ein Unrecht abzubitten und das geschieht hiermit. Ihr Alle thut es und auch Herr Elias Brammer . . .“

Man sah sich um. Dieser war nirgends zu finden.

„Es geht auch ohne ihn,“ fuhr der Bahnmeister

fort. „Im Namen Aller, die hier versammelt sind, sage ich es, daß es uns leid thut, was wir Dir ge= than haben und daß wir jedes gesprochene ehrenrührige Wort zurücknehmen. Damit wirst Du zufrieden sein und nun das geschehen ist, bringe ich ein Hurrah für Jan Blaufink aus, in das Alle einstimmen müssen. Ein! Zwei! Drei!"

„Hurrah, Hurrah, Hurrah!" hallte es an allen Enden wieder. Jan Blaufink wurde von den Männern und den Jungen, die noch eben über ihn zu Gericht saßen, umringt. Sie schüttelten ihm die Hände und die Freundschafts = Betheuerungen nahmen kein Ende.

„Und nun, mein Junge," sprach der Bahnmei= ster, dessen Herz nach diesem Act der Gerechtigkeit merklich erleichtert war, „sollst Du Dein Recht ganz und gar von mir empfangen. Sie hatten schon be= schlossen, wenn heute der Meisterschmaus stattfindet, solltest Du davon ausgeschlossen sein und was sie sonst noch thun wollten, das sage ich gar nicht; jetzt aber bekommst Du Deinen Platz nicht bei den andern Rad= jungen am Seilertisch, sondern Du sollst an der Ge= sellentafel obenan sitzen und die Frau da, der wir auch ein Unrecht thaten, sitzt bei Dir und wenn unsere Weiber auch ein noch so schiefes Gesicht dazu machen.

Und nachher, wenn wir den Inhalt dieser Büchse thei=
len und Dein Part fällt etwas reichlicher aus, als
es sonst geschehen wäre, wirst Du es wohl nicht übel
nehmen. Jan, mein Junge, ich sage Dir, mir ist
leicht um's Herz, daß es so gekommen ist."

Er schüttelte dem jungen Burschen die Hand.
Dieser umfaßte Frau Rosmarin und ging mit ihr
den Bäumen zu, unter denen eine Grasbank zur Ruhe
einlud. Seine Kameraden stürmten ihm voran
und schrieen laut:

„Da kaam Wi mit Jan Blaufink an!"

———

Moder Möller'sch.

Die Regenwolken zerstreuten sich und es gab Son=
nenschein. Der Tag, der so verhängnißvoll begann,
endete in Lust und Freude. Die arme, vergessene
Schauspielerin saß mit ihrem jungen Retter an dem
obern Ende der Tafel und war der Gegenstand des
allgemeinsten Wohlwollens. Die ehrlichen Burschen
wollten wieder gutmachen, was sie in ihrem Eifer
verschuldeten. Man nickte ihr zu und sprach vertrau=
liche Worte mit ihr. Den Jan behandelten die Ge=
sellen als einen ihres Gleichen und der Bahnmeister
brachte seine Gesundheit aus. Der Baas des Werftes
hatte von dem Vorfall gehört. Er ließ den Radjun=
gen zu sich rufen, lobte ihn und gab ihm ein reiches
Geschenk. Als der Inhalt der Büchse vertheilt ward,
steckte der Bahnmeister ihm seinen Antheil in die Tasche
und sagte:

„Nun gehe mit Deiner Alten zu Hause und laffe es Dir bei ihr ein paar Tage wohl sein. Ich will es bei dem Baas vertreten. Nach einer ungewöhn= lichen Arbeit muß auch eine ungewöhnliche Ruhe statt= finden. Wenn Du wiederkommst, nimm Dich tüchtig zusammen; dann soll es mit dem Radjungen nicht lange dauern."

So waren Jan Blaufink und Mutter Rosmarin bei Jungfer Mewes auf dem Sahl angelangt. Diese hatte gerade eine gute Stunde. In ihrem Kalender stand Sonnenschein, und die mancherlei guten Gaben, welche vor ihr ausgekramt wurden, steigerten die hei= tere Laune so sehr, daß sie bei Empfangnahme der rückständigen Miethe und des Kostgeldes sagte: „Einen solchen braven Burschen giebt es nicht mehr auf der Welt. Bleibe, so lange Du willst; ich störe Euch nicht und Ihr sollt in der Wohnung wirthschaften, ganz nach Euerm Belieben."

Die Beiden machten von dieser Erlaubniß den bescheidensten Gebrauch. Sie saßen einander gegenüber und plauderten von vergangenen Dingen und von künf= tigen. Sie bauten Luftschlösser, die nach wenigen Au= genblicken zusammenstürzten, um neuen Platz zu machen, die hoch emporragten, um alsbald wieder zu verschwinden.

Seit einiger Zeit war es eigentlich nur Jan, der sich die Mühe gab, die seltsamsten Dinge zu ersinnen und Alles vorzutragen, was wie ein ungewisses Etwas in seiner Seele brütete. Frau Rosmarin war nachdenklich geworden. Sie sah ihren jungen Freund unverwandt an; allein sie hörte nicht auf das, was er sprach. Ihre Gedanken waren weit von dieser Stätte. Sie schweiften in eine vergangene Zeit zurück und riefen Bilder in ihr wach, welche sie in eine wehmüthige Trauer versetzten.

Obgleich von der Gegenwart und ihrem Glanze vollständig erfüllt, mußte Jan doch endlich bemerken, was mit Frau Rosmarin vorging. Er hielt inne mit Sprechen, ohne daß ihr dies aufgefallen wäre, und sagte:

„Mutterchen, was ist Dir? Du läßt den Wein verdampfen, den ich Dir einschenkte? Du hörst nicht auf das, was ich Dir erzähle, und als ich zu sprechen aufhöre, merkst Du es nicht einmal. Was hast Du denn nur?"

Mit einem tiefen Athemzuge sah sie auf und blickte ihn mit einiger Verlegenheit an:

„Vergieb mir, Jan. Ja, ich sage es offen und frei, mir fielen die vergangenen Tage ein und darüber vergaß ich die Gegenwart. Seit gestern Abend, da die Feuersäule in die Luft stieg und das Haus in Trümmer versank, woran ich stets nur mit einem innern Schauer dachte, ist eine vollständige Veränderung mit mir vorgegangen."

„Ich habe es wohl bemerkt, wie sehr es Dich erschreckte. Du hättest lieber nicht dahin gehen sollen."

„Ich wäre gestorben, wenn ich es hätte unterlassen müssen. Aber, es ist nicht das allein. Als ich in Dein liebes Gesicht sah, wie es vom Feuer angestrahlt ward, betrachtete ich diese Züge, diese Locken, die auf den Hals herabringeln, genauer. Und wenn ich jetzt in diesem Augenblick das Lächeln schaue, das um Deine Lippen spielt; wenn ich in Deine Augen blicke, welche so hell leuchten, giebt es mir einen Stich in das Herz. Mir ist es, als sollte ich an der Wunde verbluten, und doch wieder wird mir so selig zu Muthe, als hielte alles Glück der Erde seinen Einzug in diese veröbete Brust."

„Du machst mich bange, Mütterchen", sagte Jan, und als er sie anschaute, kam sie ihm wie eine Fremde vor, so sehr hatte sie sich verändert.

Sie nahm seine Hand, welche sie zwischen der ihrigen hielt und entgegnete:

„Das will ich nicht, mein Kind. Vielmehr will ich Dich inniger und fester mit mir vereinen, indem ich Dir Alles vertraue, was dies Herz belastet. Nichts soll Dir verschwiegen bleiben. Jedes Geheimniß verschwindet mit dieser Stunde zwischen uns. Ich muß einen Menschen haben, an den ich mich wenden und meinen Schmerz vor ihm ausschütten kann. Ich brauche ein Herz und wähle mir das Deine.“

„Nimm es hin ganz und gar. Es betrügt Dich nicht.“

Und Frau Rosmarin begann die Geschichte ihrer Vergangenheit zu erzählen, von dem Tage an, da sie sich als ein verwaistes Mädchen in dem Hause ihres Oheims, des Großböttchermeisters Lorenz Ramke, befand und ihre Muhme, die Frau Janna Straußin, ihre Thrannin wurde. Und von dem schwarzgelockten Dunkelschön sprach sie, der sie mit seinen glänzenden Augen fest anschaute und mit dem ersten Blicke sie für das ganze Leben gewann. Wie sie das Theater betrat, welchen Ausgang dies Beginnen nahm, und was die Folgen ihrer Flucht mit dem Geliebten waren, bis zu der Stunde, da er gewaltsam von ihrer Seite gerissen wurde, und sie in den dunkeln Kellergewölben ver-

schwand, worin sie als eine Lebendig = Begrabene ein=
geschlossen wurde.

„Helfe mir Gott! Das ist erschrecklich!" sagte
Jan mit einem tiefen Athemzuge. „Nun begreife ich
Deine Erregung, als es hieß, auf dem Brauerknechts=
graben brennt das Haus der Straußin. Das nenne
ich mir einen Leichenstein."

„Er ist auf einem Meer von Thränen erbaut.
Tausende von Seufzern wurden unter ihm begraben."

„Und nie hast Du ein Wort von Deinem Manne
erfahren?" fragte Jan nach einer Pause. „Seitdem
er von Deiner Seite gerissen ward, blieb er spurlos
verschwunden?"

„Er blieb es. Entweder fand er ein Grab, wie
ich, aus welchem ihn keine mitleidige Seele erlösete,
oder er ist von einer verruchten Mörderhand erschlagen."

In dem Kopfe des Rathjungen ging es bunt über
Eck. Er machte sich von dem Schauspieler Eberhard
Lohse, der sich den Namen Dunkelschön erwarb, ein
eigenthümliches Bild, das ihm, mit Sonnenglanz um=
geben, aus dunklen Nebeln entgegentrat. Es schien
ihn anzulachen und das Ganze gewann so viel Leben,
daß er unwillführlich die Arme ausbreitete, als wollte er
ihn festhalten, und mit lauter Stimme rief er aus:

„Ich glaube nicht, daß er todt ist!“

„Obgleich diese Worte laut genug gesprochen wur=
den, hatte Frau Rosmarin dieselben doch überhört.
Sie hatte den Jan aufmerksam betrachtet und es kam
eine eigenthümliche Unruhe über sie. Ihren Gedanken
ließ sie Worte und in stürmender Hast sprach sie vor
sich hin:

„Es war mir oft, als sähe mich Etwas aus diesen
Knabenaugen an, das mich unwillführlich fesselte; doch
ich wußte nicht, was es war. Aber heute Abend, da
ich meine ganze Vergangenheit vor mir aufrollte, als
ich des Mannes dachte, dem ich mich ergab und an
den ich mich fest schließen wollte, als ich ihn für im=
mer verlor, ist die Ungewißheit gefallen und es be=
ginnt zu dämmern. Sind das nicht dieselben Locken,
als die, welche auf seine Schultern herabrollten? Ist
das nicht der Blick seines Auges . . . O, wie es
blendet! Ich vermag es nicht zu ertragen!“

Sie bedeckte die Augen mit ihrer Hand. Jan
ließ sie kurze Zeit gewähren, dann nahm er diese
Hand, zog sie an sich und fragte:

„Thut es Dir weh? Und was ist es, daß Du
vor Dir hinsprichst, von dem ich kaum ein einzelnes
Wort verstehe, und das Dich so sehr traurig macht?

Hast Du mir heute so Vieles vertraut, sage mir auch noch dies. Ich fühle es, ich ward seit Kurzem ein Anderer. Mir ist die Knabenlust vergangen und des Spiels bin ich bei diesem Ernste überdrüssig."

„Es ist mein Schicksal, daß ich Diejenigen, die mir ihre Liebe schenken, mit in mein dunkles Verhängniß ziehe. Soll ich Dir Deine heitere Jugend rauben? Mache Dich von dieser Trübsal los, mein Junge, und schaue mich wieder mit Deinem hellen Lachen an. Und dann schließe auch Du mir Dein Herz auf. Es ist einmal die Stunde des Vertrauens. Lasse mich Alles erfahren, was Du von Dir weißt."

„Ja, das ist nun eben nicht viel!" sagte Jan lächelnd. „Daß ich jetzt Jan Blaufink heiße, weißt Du, und wie ich zu dem Namen gekommen bin, weißt Du auch. Wenn ich nun noch hinzusetzte, daß sie mich früher Jan Kostkind hießen, so weißt Du Alles."

„Jan Kostkind? Das klingt sonderbar. Wie soll ich es verstehen?"

„Das muß Mutter Möller'sch am besten wissen", sagte Jan. „Mir ist es nie eingefallen, darnach zu fragen, sonst hätte ich es wohl erfahren."

„Mutter Möller'sch? Wer ist das?"

„Das ist eine alte Frau, bei der ich gelebt habe,

so lange ich denken kann. Niemals habe ich eine andere
Heimath gekannt. Ich war ihr Kostkind, obgleich es
mit der Kost oft windig genug aussah und ich manchen
Abend beinahe eben so hungrig zu Bette ging, als ich
des Morgens aufstand, bis es denn zuletzt nichts mehr
gab und ich fortgeschickt wurde in die weite Welt, weil
kein Kostgeld für mich mehr bezahlt wurde."

„Wer bezahlte es denn vorher?"

„Ich weiß es nicht. Moder Möller'sch hat es
mir nicht gesagt und sie darnach zu fragen, ist mir
nicht eingefallen. Glaube auch, daß sie mir keine Antwort darauf gegeben hätte."

„Du mußt es noch thun," sagte Frau Rosmarin.
Wir leben jetzt in Ueberfluß. Bezahle ihr einen Theil
von Dem, was Du ihr schuldig geworden bist, ohne
Dein Versehen. Versprich, daß sie künftig, wenn Dein
Verdienst größer wird, mehr haben soll; nur löse sie
das Geheimniß. Bedenke, mein Kind, daß es Dir dadurch vielleicht möglich wird, Deine Herkunft zu entdecken und welche entsetzliche Ereignisse Dich von Deinen Aeltern trennen. Wer weiß, ob sie am Ende
nicht noch am Leben sind und Dich mit offenen Armen
empfangen, Dich, den sie vielleicht Jahrelang für todt
hielten."

„Wenn das wäre!" rief Jan aufspringend. „Wenn ich meine Mutter fände! Meine wirkliche, rechte Mutter! Juchhe! Ich hätte dann zwei Mütter statt einer. Und doch weiß ich nicht, ob ich die neue so gern hätte, als Dich. Wie es zugeht, daß ich Dich so sehr liebe, weiß ich nicht, eben so wenig, als ich weiß, wie ich ohne Dich leben soll, seitdem ich einmal in Deinen Armen lag und Deine Hand mich segnete. Besser wäre es, ich forschte nicht weiter nach Etwas, das mich nur noch trauriger macht, wenn ich es erfahren habe."

„Thue es dennoch," bat Frau Rosmarin. „Um Deinet= und um meinetwillen thue es. Mir ist es, als winke uns von dorther Ruhe nach langem Sturm."

„Gut!" sagte Jan. „Ich will es thun. Morgen früh gehe ich hinaus zur Bahn. Es ist zwar noch mein freier Tag, aber ich muß doch den Leuten zeigen, daß ich nicht mit allem Gelde, das sie mir schenkten, auf und davon gegangen bin. Sieh mich nicht so traurig an, Mutterchen. Ich weiß schon, daß es unrecht war, mit Etwas zu spaßen, was man in der Wirklich= keit bitter erfahren hat. Morgen also gehe ich hin und wenn ich Etwas erfahren habe, komme ich gleich hierher und sage es Dir. Gute Nacht. Du sollst schlafen gehen. Es ist Zeit und die Jungfer Mewes

hat schon die Bettdecke über beide Ohren gezogen.
Ich krieche oben hinauf in meine gewohnte Lagerstatt.
Gute Nacht!"

———————

In der Reeperbahn ging es in der gewohnten
Weise her. Die Seilerknechte gingen langsam rückwärts und mit jedem Schritte wurde der Faden länger.
Der Bahnmeister hatte seine Augen überall und sprach
eben jetzt mit einem kleinen untersetzten Mann im
blauen Schanzloper und einem großen Dreimaster auf
dem Kopf, dem man den Holländer auf den ersten
Blick ansah. Er hatte für seine kleine Kuff den
nöthigen Bedarf an Tauwerk gekauft und bezahlt und
plauderte nun gemüthlich weiter mit dem Bahnmeister,
den er früher, als derselbe zur See fuhr, eine Zeitlang zum Backgenossen hatte und gute Maatschaft
mit ihm hielt.

„Es ist gut, Jantje!" sagte er zu diesem. „Wenn
es Euch lieb ist, will ich Euch gern den Gefallen
thun, da ich gerade einen solchen Jungen brauchen
kann."

„Ihr werdet es nicht bereuen, Hans Kramer.
Der Jan Blaufink ist ein ehrliches Blut und ich kann

es nicht vergessen, daß ich der Erste war, der ihn
hart anließ und in Gedanken schon an das Zuchthaus
dachte. Der Junge ist, wie ich ihn kennen gelernt
habe, zu etwas Besserem auf die Welt gekommen, als
das Rad zu drehen und Hanf zu verspinnen. Ich
müßte mich schlecht darauf verstehen, oder es steckt ein
Seemann darin, wie nicht alle Tage einer über die
rothe Tonne hinaussegelt.'

„Macht nicht so viele Worte, Jantje," entgegnete
der Schiffer Hans Kramer, der das Glück hatte, die
Amsterdammer Kuff „Vrouw Margarethe" zu komman-
diren. „Ich habe es einmal versprochen und halte
Euch mein Wort. Kann man den Jungen denn nicht
zu sehen bekommen? Wo habt Ihr ihn?"

„Er hat zwar, um des Vorfalles willen, von dem
ich Euch erzählte, heute noch einen freien Tag, allein
ich denke mir, das müßige Umherlungern ist ihm leid
und ehe wir es uns versehen, ist er mitten unter uns.'

Er war schon ganz in der Nähe. Die Seilerknechte, die seit dem unerwarteten Ausgange ihres Ge-
richts für den Radjungen Jan eine große Zuneigung
hatten, empfingen ihn mit einem lauten Halloh. Der
Bahnmeister ließ ihn zu sich bescheiden, stellte ihn dem
Schiffer vor und sagte:

„Das ist der Mann, der sich erboten hat, sich Deiner anzunehmen, wenn Du die Lust und das Zeug dazu hast, ein ordentlicher Seemann zu werden. Was meinst Du, Junge? Hättest Du nicht Lust zu einer Probereise nach Amsterdam und da herum?"

„Ein Seemann soll ich werden?" rief Jan Blaufink und schlug vor Verwunderung in die Hände. „Ein ordentlicher Seemann, mit einer blauen Jacke und einem blanken Lederhut auf dem Kopfe? Und Ihr wollt mich dazu machen, lieber Herr? Wollt mich bei Euch an Bord nehmen und mich lehren, was ich zu thun habe, um ein tüchtiger Matrose zu werden?"

„Will es thun," antwortete Hans Kramer, „weil dieser Mann, der früher mein Backsmaat war, Dich empfohlen hat und sich dafür verbürgt, daß man es mit Dir wagen kann."

„Ihr habt das gethan? Tausend Dank für das Wort. Und was Euere Bürgschaft anbetrifft, sollt Ihr Euch nicht betrogen haben; ich mache Euch keine Schande, darauf mögt Ihr Euch verlassen."

„Gut, mein Junge," entgegnete der Bahnmeister. „Und nun kann Capitain Dankbar's Prophezeihung in Erfüllung gehen."

15*

„Was für eine Prophezeihung ist das?" fragte
der Schiffer.

„Es soll bei Euch Holländern einen Radjungen
gegeben haben, in Vlissingen glaube ich, der es bis
zur Admiralschaft gebracht hat, und nun meinte Capitain Dankbar, es könne dem Jan eben so gehen."

„Ihr sprecht von unserm de Ruiter. Solche Rad-
jungen werden nicht alle Tage geboren. Nun, Junge,
Du kannst morgen früh an Bord der Kuff „Vrouw
Margarethe" kommen. Sie liegt bei'm Westergat.
Bringe alle Deine Habseligkeiten mit, denn um Mit-
tag ist Hochwasser und dann werfen wir die Taue los."

„Die Habseligkeiten werden nicht sonderlich vielen
Platz wegnehmen, Herr!" sagte Jan. „Könnte sie
beinahe in die Tasche stecken."

„Will's glauben!" sprach der Schiffer lachend.
„Weil Du aber von jetzt ab zu meinem Schiffe gehörst, will ich dafür sorgen, daß wenigstens die Rundjacke und der Lederhut zu dem Kerl passen. Komm mit!"

Beide gingen nach der Stadt und in einen der
Läden, wo für die Ausrüstung der Seeleute von der
schottischen Mütze im kalten Winter an bis zum leich-
ten Segeltuchschuh für die Hitze der Tropen gesorgt ist.
Als sie nach einer halben Stunde wieder heraustraten

und Jan vom Kopf bis zum Fuß in einen Matrosen
verwandelt war, rief er dem Schiffer zu, daß er un=
fehlbar zur rechten Zeit am Bord sein werde, dann
aber eilte er mit dem Rufe „So müssen sie mich auf
dem Neptunswerft sehen!" dem Brockthor zu.

Es war Mittag. Die Leute stiegen von den Ge=
rüsten und Jeder ging an den Ort, wo seine Schüssel
rauchte. Auch Mutter Möller war keuchend angelangt
mit ihren vollen Töpfen und vertheilte die einzelnen
Portionen mit dem gewöhnlichen Murrsinn. Als sie
die Kelle niederlegte und sich auf einen Hauklotz nieder=
ließ, um das Ende der Mahlzeit abzuwarten, sagte es
mit lauter Stimme hinter ihr:

„Mutter Möller, bekomme ich schon wieder nichts
ab? He?"

„Wer will Etwas abhaben?" fuhr sie auf und
schaute die zierliche Rundjacke, welche vor ihr stand,
mit blöden Augen an. „Wer ist der Kerl und was
will er von mir?"

„Kennt Sie denn das Kostkind Jan nicht wieder?"
fragte dieser und lachte die Alte an, welche noch immer
nicht zu Worte kam und ihn kopfschüttelnd ansah. „Ich
glaube, das macht der große Hut. Ich will ihn ab=

abnehmen, damit Sie besser in mein Gesicht sehen kann. So! Ist es nun recht?"

„Kommt der Taugenichts wieder zu mir?" rief sie aus.

„Nein, Mutter Möller! Ich wünsche vielmehr, daß Sie zu mir kommt."

„Zu Dir! Zu Dir! In welche Hölle würde ich da gerathen?"

„Ein wenig hoch ist es zwar," entgegnete Jan, „allein von einer Hölle ist darin nichts zu spüren. Es soll dort sehr heiß sein und wir haben in unserer Kammer schon rechtschaffen gefroren. Aber im Ernste, Mutter Möller, Sie muß mit mir kommen. Es soll Ihr Schade nicht sein. Glaube sogar, daß Sie einen Theil des rückständigen Kostgeldes in Empfang nehmen kann."

„Ist die alte Martha wieder lebendig geworden?" fuhr Mutter Möller auf.

„Das weiß ich nicht zu sagen," erwiederte Jan. Weil aber die Menschen, wenn sie einmal todt sind, auch todt bleiben, wird mit der alten Martha keine Ausnahme gemacht werden. Da! Ihre Kostgänger sind auf und davon. Packe Sie Ihre Schüsseln und Töpfe zusammen und dann komme Sie mit mir. Was ich

Ihr mit Gewißheit versprechen kann, ist ein Glas ächter Schiedammer."

Jan kannte die schwache Seite von Mutter Möller. Ein stärkender Tropfen im Verborgenen war eine Lockung, der sie nicht zu widerstehen vermochte. Sie machte sich schweigend an ihr Geschäft, während Jan sich rechts und links umsah, ob er nicht einen oder den andern seiner ehemaligen Kameraden in den Weg lief, als der Werftmeister ihm den Weg vertrat und rfagte:

„Was sucht Er hier?"

„Werftmeister, ich hole nur die Mutter Möller ab, die mit einem gesunden Schluck bei mir vorlieb nehmen will, und bin froh, Euch bei dieser Gelegenheit meinen Dank für erfahrne gute Behandlung ausdrücken zu können."

„Wer Teufels ist das?" rief dieser. „Sehe ich denn recht . . .?"

„Glaube wohl, daß Ihr nicht fehl geht, wenn Ihr mich für den Taugenichts haltet, welcher Euch die gefährliche Rebellion entdeckte. Reise Morgen nach Amsterdam und nehme Abschied von Euch, indem ich Euch bitte, die beiden Zöpfe des Matthes und des Hans von mir zu grüßen und ihnen zu sagen, daß

es meine Schuld ist, wenn die Köpfe ihrer Herren ge=
geneinander klappten.“

„Sage es ihnen selbst, wenn Du Lust zu einer Tracht
Schläge hast“, brummte der Werftmeister. „Warum
bis Du hierher gekommen und was treibst Du?“

„Meine Rundjacke zeigt Euch, daß ich Seefahrer
werden soll“, entgegnete Jan. „Und da ich morgen
von der Stadt gehe, bin ich heute hierher gekommen,
um die Stelle nochmals zu sehen, wo ich zuerst schar=
werden lernte, und um Abschied von Euch zu nehmen
und Euch zu bitten, mir meine Jungensstreiche nicht
nachzutragen. Gebt mir die Hand darauf, Herr, daß
Ihr es vergessen wollt. Ich konnte nicht immer still
schweigen, wenn ich getreten wurde; ich mußte auch
ein Mal aufschreien. Aber nun ist die Mutter Möller
mit dem Einpacken fertig, und wenn ich noch länger
warte, geht sie ohne mich davon. Sagt Euerm Baas
meinen Dank für seine letzte Gutthat und daß ich sein
Wort wahr machen will. Lebt wohl, Werftmeister,
und wenn Ihr es morgen über Euch gewinnen könnt,
wünscht mir eine glückliche Reise.“

Mit einem Sprunge war er bei der alten Frau,
nahm ihr den schwersten der beiden Körbe aus der

Hand, und ehe der Werftmeister noch das passende Wort
finden konnte, war Jan bereits außerhalb der Pforte.

————

Mit Verlangen sah Frau Rosmarin der Rückkehr
ihres Jan entgegen. Seit dem Gespräch am gestrigen
Abend war sie in einer sehr erregten Stimmung.
Früh Morgens war Jan fortgegangen, ohne sie zu
sehen. Jungfer Mewes hatte nur gesagt, er wolle
so bald als möglich wiederkommen. Sie zählte die
Minuten bis dahin.

„Endlich!" rief sie und eilte der Treppe zu. Sie
kannte den Tritt des Jungen genau.

„Da bin ich!" rief er ihr entgegen. „Die alte
Mutter Möller keucht hinter mir drein."

Dann aber legte er den Finger auf den Mund
und sagte so leise, als er konnte:

„Laßt sie ruhig gewähren. Ich kenne ihre Weise
und habe mitgebracht, was uns frommt."

Nach einer Pause trat Mutter Möller keuchend ein:

„Warum narrst Du eine alte Frau die steilen
Treppen hinauf? Was soll's hier nun und wo ist der
Narr, der mir goldene Berge versprach?"

„Hier, Mutter Möller!" sagte Jan. „Setze Sie
sich daher auf den Schemel und nehme Sie dies Glas

aus meiner Hand. Aechter Schiedammer aus Cord Le=
wen's seinem Laden. Lasse Sie es sich wohl bekommen."

Das alte Weib schlürfte ihren Genever in aller
Behaglichkeit. Frau Rosmarin betrachtete sie mit gro=
ßer Aufmerksamkeit, allein sie konnte in diesen verwit=
terten Zügen nichts Bekanntes entdecken.

Jan füllte das leere Glas auf's Neue und setzte
sich dann der Alten gegenüber, indem er mit dem Gelde
in der Tasche klingelte:

„Hört Sie die Musik?"

„Ist es das versprochene Kostgeld, was sie mir
bislang schuldig geblieben sind?"

„Sie soll bald einen Theil davon in die Hand
bekommen; vorher aber muß Sie mir Etwas verspre=
chen. Sie muß mir sagen, wer die alte Martha
eigentlich gewesen ist."

Sie sah den Fragenden an und sagte mürrisch:
„Was geht es Dich an?"

„Soll ich nicht wissen, wer so barmherzig gewesen
ist, für meinen Unterhalt zu sorgen?" entgegnete Jan.
„Es ist noch Stoff da für ein drittes Glas, wenn Sie
die Wahrheit sagt."

„Nun, Söhnchen", sagte Mutter Möller, die in
eine erhöhte Stimmung gerieth. „Von Barmherzigkeit

war dabei nicht die Rede. Vom Rechte auch nicht,
denn sonst hättest Du müssen, statt in meinem Keller,
in dem schönen Hause wohnen."

Sie schwieg einen Augenblick, dann aber fuhr
sie auf:

„Jetzt hätte es Dir auch nicht mehr genützt, denn
es ist mit Stumpf und Stiel verbrannt. Hast Du
nicht gesehen, wie roth in der verflossenen Nacht der
Himmel war?"

Bei dieser Aeußerung konnte Frau Rosmarin
einen Schrei nicht unterdrücken. Mutter Möller hörte
es und fragte:

„Ist noch Jemand hier?"

„Die Frau, bei der ich einwohne; die stört uns
nicht. Darnach also darf ich annehmen, daß die alte
Martha auf dem Brauerbe der Frau Janna Strau=
ßin diente."

„Sie war die Altmagd dort. Aber was weißt
Du von der Frau Janna Straußin?"

„Sie nannte ja vorhin ihren Namen. Weiß Sie
es nicht mehr? — Aber Sie vergißt Ihr Glas,
Mutter Möller."

„Das wärmt! Du bist ein guter Junge. Also
ich hätte es vorhin gesagt? Nun, mag es sein. Ich

habe zwar geschworen, es mein Lebstage nicht zu sagen, allein nun ist es doch geschehen und sie sind ja alle todt, da schadet es nicht mehr."

„Aber ich, das Kostkind, bin noch da!" sagte Jan und klingelte wieder mit dem Gelde. „Nun will ich mein zweites Versprechen halten. Mache Sie die Hand auf. Ein, zwei, drei, vier! Das ist der erste Satz. Wie viel gab Ihr die alte Martha in der Woche für mich? Es ist nur, daß ich weiß, wie viel ich Ihr im Ganzen zahlen muß."

„Einen Mark habe ich bekommen; keinen Dreiling mehr. Nachher wurde es noch weniger und zuletzt hörte es ganz und gar auf."

„Da werde ich tüchtig nachzahlen müssen. Sie kann sich freuen, denn Sie bekommt einen ganzen Beutel voll Geld auf einmal. Aber die Mutter von dem Kostkind. Wie ist es damit geworden?"

„Du weißt nicht, was Du sprichst."

„Wir wollen den ersten Mark vollmachen. Noch einmal her die Hand."

Jan ließ einen Schilling nach dem andern in dieselbe fallen und sagte:

„Sie weiß ja, daß die Martha den Mund nicht halten konnte, wenn sie ihre Kanne Bier herunter

hatte, und hat gewiß von der Mutter des armen Kost=
kindes erzählt .... So! Nun sind die sechzehn
voll! — Mutter Möller, wie lange hat denn die
arme Christine in dem dumpfen Keller gesessen?"

„Die Comödiantendirne!" rief Mutter Möller.
„Wer schluchzt denn so sehr?"

„Ich habe Ihr ja schon gesagt, daß es die Frau
ist, bei der ich einwohne. Wir wollen uns um die nicht
kümmern, sondern in unserm Gespräch weiter fortfahren."

„Nein", sagte Mutter Möller ausweichend. „Ich
bin müde und will nach Hause gehen. Du mußt mich
dahin bringen. Du hast es mir versprochen."

„Freilich will ich das. Und morgen, wenn ich
Sie besuche, bringe ich neues Geld und neuen Schie=
dammer. Lasse Sie es nur ein wenig mehr dämme=
rig werden, dann brechen wir auf. Also Sie meint,
daß die Haft mehrere Jahre gedauert hat?"

„Freilich, mehrere Jahre. Du warst schon tüch=
tig herangewachsen, bevor die Straußin starb und die
junge Dirne Alles verrieth."

„Und meine arme Mutter hat eine Jahre lange
Pein geduldet, ohne daß Einer so menschlich war ...
Nicht doch, ich wollte nur sagen, daß ich mich wun=
dere, wie der Christine ihr Mann — sie hieß Chri=

stine, weiß Sie, — sich nicht darum gekümmert hat,
wo seine junge Frau geblieben ist."

„Er konnte ja nicht!" kicherte Mutter Möller in
sich hinein.

„Konnte er nicht?" fragte Jan hastig. „Sprich,
Weib, haben sie meinen Vater ermordet?"

„Nein, Jungchen!" lallte Mutter Möller. „Sie
haben ihn an die holländischen Werber verkauft."

Frau Rosmarin, welche dieses Gespräch in der
größten Aufregung anhörte, stürzte mit einem gellenden
Schrei zu Boden. Jan eilte zu ihr und trug sie auf
ihr Bett. Jungfer Mewes war mit Rath und That
zur Hand.

Mutter Möller taumelte von ihrem Schemel auf:
„Mein Kopf brennt! Ich halte es hier nicht länger
aus. Was für ein entsetzensvoller Schrei war das?"

„Der Todesschrei der armen Christine Ramke,
welcher Ihr Alles gestohlen habt und die Euch dafür
vor Gott verklagt!" schrie Jan in seiner Todesangst,
indem er sich über seine Mutter beugte, die in einer
todesähnlichen Erstarrung da lag. „Sieh zu, alte
Hexe, wo Du bleibst! Sie wird Dich finden und
Dich tödten."

Das alte Weib tappte nach dem Ausgange. Un=

ten auf der Treppe begegnete ihr Jungfer Mewes, die in der Angst zu dem nahe wohnenden Arzte gelaufen war, der ihr auf dem Fuße nachfolgte.

Der erfahrne Mann schlug der Ohnmächtigen eine Ader. Das Leben kehrte wieder. Nach ein paar Stunden war die Gefahr vorüber und Jan konnte seiner Mutter von dem Glücke erzählen, das ihm zu Theil geworden, und daß er mit dem beginnenden Tage seine neue Lehrzeit antrete.

„Kaum gefunden und schon wieder getrennt!" klagte die bleiche Mutter mit Thränen in den Augen.

„Und nach der Trennung folgt ein heiteres Wiedersehen!" tröstete Jan zärtlich und zog die Mutter an sich. „Diese Nacht bleiben wir beisammen und sprechen von künftigen bessern Tagen, die ich Dir bereiten will."

Zum Seegat aus und ein.

Es polterte auf der Saaltreppe.

Jungfer Mewes, deren Sonnenschein in einen Regentag umgeschlagen war, fuhr scheltend gegen die Thür, welche sich eben öffnete. Sie zog sich aber ebenso schnell zurück, als sie die robuste Gestalt erblickte, welche durch dieselbe eintrat.

„Mit Verlaub", sagte der Eintretende. „Ich bin der Jollenführer Jakob Maifisch und wollte fragen, ob hier herum eine Frau wohnt . . . . ."

„Ich bin nicht verheirathet!" platzte Jungfer Mewes heraus.

„Darnach habe ich nicht gefragt", entgegnete Jakob Maifisch. „Sie hätte mich sollen ausreden lassen, dann hätte Sie gehört, daß ich eine Frau aufkreuzen will, die Rosmarin heißt."

„Ich bin diese Frau", sagte die Schauspielerin, welche sich schnell erhob. „Was bringt Er mir?"

„Komme vom Bord der Kuff „Brouw Marga=
rethe“, die vor drei Stunden unter Segel ging.
Schmuckes Fahrzeug! Spiegelblank von Innen und von
Außen. Soll Ihr einen Gruß bringen.“

„Von meinem Sohn?“ fragte Frau Rosmarin
und die Freude röthete ihre Wangen.

„Von ihm. Wenn es mir gleich nicht in den
Kopf will, daß ein Junge Jan Blaufink heißt und die
Mutter heißt Rosmarin.“

„Lieber Mann, es ist . . .“

„Stiefkind, oder so etwas dergleichen, muthmaße
ich,“ sagte Jakob Maifisch. „Geht mich aber gar nichts
an und hat mit meinem Gewerbe nichts zu thun. Ihr
Junge schickt Ihr einen schönen Gruß und von der
monatlichen Heuer, die er bekommen hat, bringe ich
Ihr die größere Hälfte. Er läßt dabei sagen, daß
Sie sich dafür gute Tage machen soll.“

Er zählte das Geld auf den Tisch. Der Mutter
traten vor Rührung die Thränen in die Augen und
leise sagte sie:

„Gottes Segen mit einem Sohne, der so in Liebe
seiner Mutter denkt.“

„Da ist das Geld. Und Sie soll sich um ihn
keine Sorge machen, hat er auch noch gesagt. Nun, Adjes.“

„Er wird doch meinen Dank nicht verschmähen?"
fragte sie, den Boten ihres Sohnes freundlich ansehend.
„Er hat um meinetwillen Versäumniß gehabt und ich
möchte gern . . . ."

Sie streckte die Hand nach dem Gelde aus. Jakob Maifisch trat ihr einen Schritt näher und sagte
mit gerunzelter Stirn:

„Sie ist wohl noch nicht viel mit Jollenführern
umgegangen?"

„Nein, in der That nicht!" war die Antwort auf
diese sonderbare Frage.

„Konnte es mir denken. Sie würde sonst gewußt
haben, daß wenn ein Schiffsjunge sich an den Jollenführer wendet, der das letzte Gut an Bord bringt und
ihn bittet, einen Theil seiner Monatsheuer der armen
Mutter zu bringen, der Jollenführer dafür keine Bezahlung nimmt, und wenn der Junge zehn Mal Jan
Blaufink und die Mutter Rosmarin heißt. Arjes!"

Jakob Maifisch ging. Frau Rosmarin setzte sich
nieder und bedeckte die Augen mit der Hand. Sie
achtete des aufgezählten Geldes nicht.

Auf Jungfer Mewes machte es die entgegengesetzte Wirkung. Die blanke Reihe von Vierschillings-
stücken vertrieben die Regenwolken zum Theil von der

Stirn und gestattete dem Sonnenstrahl einen gelegent=
lichen Durchbruch. Sie nahm die Hand von den
Augen der weinenden Frau weg und sagte mit dem
Ton des Vorwurfes:

„Was ist Sie für eine Mutter, daß Sie sich
hinsetzt und weint, weil Sie einen Sohn hat, der seinen
Verdienst mit Ihr theilt, damit Sie gute Tage haben
soll? Er hätte es wohl lieber verthun sollen."

„Nein, Jungfer Mewes! Nein."

„Schaue Sie doch die blanken Dinger an. Es
lacht Einem dabei das Herz im Leibe. Lege Sie nur
etwas davon für die Miethe beiseite. Hat Sie sich noch
immer nicht getröstet darüber, daß Ihr das Geld zufließt,
ohne daß Sie die Hand in's Wasser zu stecken braucht?"

„Es ist nicht das, Jungfer Mewes . . . ."

„Nicht? Dann ist es etwas anderes. Und was
denn? Aber, was frage ich lange, wenn ich doch
weiß, daß ich keine Antwort kriege. Neugier plagt mich
nicht, und was mir nicht freiwillig gesagt wird, will
ich gar nicht wissen. Nehme Sie aber das Geld
weg. Diebe haben scharfe Augen, wenn sie durch die
Fenster der reichen Leute sehen."

Jungfer Mewes bedachte nicht, daß ihr Saal vier
Treppen hoch belegen war und es daher mit dem Blick

16*

durch die Fenster seine Schwierigkeiten hatte; dann
nahm sie ihre Schaube um und rauschte davon, denn sie
erinnerte sich plötzlich einer guten Freundin, welche diese
rührende Begebenheit mit großer Theilnahme anhören
würde.

Frau Rosmarin athmete leichter auf, als sie allein
war. Mit bewegtem Herzen verschloß sie die Liebes=
gabe des Sohnes, indem sie sagte: „Nur in der Stunde
der höchsten Noth will ich es angreifen", dann aber
setzte sie sich wieder an den gewohnten Platz und legte
die Hand an ihre Stirn. Die Frau sann über ihr
Schicksal, oder eigentlich über das Schicksal ihres
Sohnes nach.

„Es ist mein leiblicher Sohn. Ich weiß es und
bin zufrieden in der Gewißheit," sagte sie zu sich selbst.
Aber die Welt hat diese Ueberzeugung nicht. Die
Menge verlangt Beweise; unwiderlegbare, rechtsgültige
Beweise. Wer glaubt es ihm, wenn er sagt, mein
Vater war der Schauspieler Eberhard Lohse und ich
bin der Erbe seines Namens? Reicht es aus, wenn ich
mich als seine Mutter erkläre? Sie werden mich fra=
gen, womit ich es beweise? Wo ich das Dokument
habe, welches bekundet, daß Eberhard Lohse mein recht=
mäßiger Ehemann war? Das ist es! Dafür zu sorgen,

bin ich verpflichtet. Getrost, mein lieber Sohn! Wenn
Du nach einigen Wochen von Deiner Reise wieder-
kehrst, sollst Du Alles geordnet finden. Gleich Morgen lege ich die Hand an mein Werk. Für alles Andere habe ich keinen Sinn, bis das in Ordnung gebracht ist."

Und als die Frau diesen Entschluß gefaßt hatte,
legten sich die stürmischen Wogen. Sie konnte ruhig
an ihr Tagewerk gehen.

Jungfer Mewes war am andern Morgen im Be-
griffe aufzustehen und rieb sich den Schlaf aus den
Augen. Es war noch ungewiß, ob heute das Regen-
wetter, oder der Sonnenschein die Oberhand gewinnen
würden. Da erschien Frau Rosmarin vor ihrem
Bette, völlig angekleidet und bereit zum Ausgehen.
Gleich stand die Mewes auf beiden Beinen und fragte:

"Was soll das bedeuten?"

"Ein unaufschiebbares Geschäft zwingt mich, so
früh am Tage auszugehen. Auch ist der Weg, den
ich zu machen habe, weit und ich glaube kaum, daß
ich vor morgen Abend wieder zu Hause bin. Sie
muß ja nicht auf mich warten. Behüte Sie Gott,
Jungfer Mewes und halte Sie gut Haus."

Frau Rosmarin beeilte sich nach diesen Worten,

den Ausgang zu gewinnen, bevor Jungfer Mewes
Worte fand. Sie wußte wohl, daß diese dann sobald
kein Ende nahmen.

Von Hamburg aus wendet sich der Blick nach
dem Dorfe Geesthacht, dessen Thurm von der Höhe
aus, neugierig nach dem gegenüberliegenden Ufer der
Elbe schaut. Es sind noch dieselben Häuser, dieselben
Bäume, welche sich längs der Landstraße erstreckten,
als Maienblüthe und Dunkelschön den Weg nach der
Pfarre einschlugen.

Es ist auch noch derselbe Pfarrgarten, in dessen
Mittelallee der ehrwürdige Pfarrer Johannes Koch
über des genialen Spaniers Drama vom traumhaften
Prinzen nachsann und die Strafpredigt seiner Frau geduldig anhörte, weil er eine männerfeindliche Fürstin,
die doch gedemüthigt wird, auf die Bretter gebracht
hatte und damit jämmerlich zu Falle gekommen war.
Aber das Pfarrhaus ist nicht mehr ganz so, wie es
vordem gewesen und auch die Bewohner desselben sind
andere Leute, als damals.

Ehrwürden Johannes Koch, der die geknickte
Maienblüthe aufrichtete, indem er dem Bunde der

Herzen durch den Segen der Kirche die Weihe gab, hatte den Schlag, der ihn so empfindlich traf, nicht verwunden. Zwar wirkte er auch ferner für die Kunst und berauschte sich in den Stunden der Muße an den heitern Klängen der Poesie; allein öffentlich ließ er niemals wieder etwas davon hören. Endlich legte er sein sorgenschweres Haupt zur Ruhe und sein Weib folgte ihm in kürzester Zeit nach. Und als sollte die sichtbare Erinnerung an diesen Priester in dem Tempel des Herrn und dem Tempel der Kunst soviel als möglich ausgetilgt werden, erhub sich wenige Wochen nach seinem Hinscheiden ein furchtbares Unwetter, wie es in dieser Gegend seit lange nicht erhört war. Die Donner rollten, der Regen goß in Strömen herab. Ein Blitz schlug in das Pfarrhaus und das Feuer griff um sich. Es wüthete zunächst in dem Theil, wo die Studierstube lag und vernichtete die sämmtlichen Bücher und Schriften des seligen Pfarrers, die dort aufbewahrt wurden, da der rechtmäßige Erbe sie noch nicht in Empfang genommen hatte.

Aber nicht nur diese Schriften, sondern auch das Kirchenbuch und andere Papiere, welche für die Gemeinde von hohem Werthe waren, wurden dort, weil in der beschädigten Kirche Bauleute aus- und eingin-

gen, in einem wohl verschlossenen Schrein aufbewahrt.
Das Feuer, welches unerwartet vom Himmel fiel,
griff mit solcher Schnelle um sich, daß an eine Ret=
tung dieses Schatzes nicht zu denken war.

Der niedergebrannte Theil des Hauses wurde
wieder aufgebaut. Ein neuer Pfarrer hielt seinen Ein=
zug in die Pfarre, und in der Studierstube wehte als=
bald ein anderer Geist, als in jenen Tagen, wo die
Wände von den melodischen Gesängen spanischer Dich=
terheroen wiederhallten. Herr Pastor Knoop war ein
streng=orthodoxer Mann, der nichts weltliches in seiner
Nähe duldete und mit heiligem Eifer dazwischen fuhr,
wenn das junge Volk in der Gemeinde seiner Lust ein
wenig den Zügel schießen ließ. Er fuhr mit einem
Weheruf dazwischen, so oft ein junger Gesell in der
Schenke zum vollen Glase ein heiteres Schelmenlied
sang, oder die Dirne mit einem zu lauten Juchhe im
Tanze schwenkte.

Der neue Pastor ging in der Allee auf und ab.
Er sann über den Entwurf einer Predigt nach,
die er am nächsten Sonntage seiner Gemeinde halten
und ihr darin das Fegefeuer mit den gräßlichsten Far=
ben schildern wollte, denn es waren neuerdings auf
dem Jahrmarkte zu Alten=Gamm, hervorgerufen von

seinem Geesthachter jungen Volke, einige Excesse vorgefallen, die seinen höchsten Zorn erregt hatten. Der
Herbstwind warf das vergilbte Laub von den Bäumen
und trieb es in wirbelnden Kreisen vor ihm her. Es
deutete bildlich die Stimmung des erzürnten Geistlichen an.

Pastor Knoop war unvermählt. Eine alte Magd
führte ihm das Hauswesen. Sie war stets mürrisch
und verdrießlich, und machte die Schatten, die der Herr
verbreitete, noch undurchdringlicher. Diese kam von dem
Hause her und vertrat dem Pastor den Weg.

„Was giebt es?"

„Es ist eine Frau da, die den Herrn Pastor
sprechen will."

„Eine aus der Gemeinde?"

„Sie ist aus Hamburg und will den Herrn Pastor durchaus sprechen. Ich sagte, das ginge jetzt nicht,
denn der Herr Pastor studiere seine Predigt, worauf
sie erwiederte, daß sie warten würde und wenn es bis
Mitternacht dauerte. Nun sitzt sie draußen auf der Bank."

„So bringe sie in meine Studierstube und heiße
sie warten. Wie heißt sie?"

„Christine Lohse, hat sie sich genannt", gab die
Magd zur Antwort und ging, um den erhaltenen Befehl
zu vollziehen.

Frau Rosmarin, welche diesen Trauernamen führte, als die liebliche Maienblüthe verwelkt war, sah sich zwischen denselben Mauern, an demselben Platze, wo sie mit ihrem geliebten Dunkelschön von dem Pastor Johannes Koch feierlich eingesegnet wurde. Welche Gedanken, welche Empfindungen stiegen an dieser Stelle in ihrer Seele auf. Was hatte sie gelitten von jener festlichen Stunde an, bis zu der gegenwärtigen! Sie wurde so sehr davon hingerissen, daß sie den Eintritt des Geistlichen überhörte und bei dessen Anrede zusammenfuhr.

„Verzeihung, ehrwürdiger Herr, daß ich es gewagt habe, zu stören. Allein meine Lage ist eine so beklagenswerthe . . ."

„Zur Sache, wenn es beliebt."

„Ich bin verheirathet und habe meinen Mann verloren. Mein Sohn ist herangewachsen und soll in das öffentliche Leben treten. Der Taufschein ist verloren gegangen . . ."

„Sie muß sich an den Geistlichen wenden, der die Copulation vollzogen hat", war die Antwort.

„Das kann ich nicht", sagte Frau Rosmarin. „Er ist todt, und darum wende ich mich an seinen Nachfolger."

„An mich? Ist Sie denn aus der hiesigen Ge=
meinde?"

„Nein, Ehrwürdiger Herr. In unserer Noth nah=
men wir unsere Zuflucht zu dem Herrn Pastor Koch
und er gab uns in Gottes Namen als christliche Ehe=
leute zusammen. Jetzt stehe ich allein und habe meine
ganze Hoffnung auf Euer Ehrwürden gesetzt, um einen
neuen Trauschein zu erlangen."

„Den kann ich Ihr nicht geben. Bei dem Brande,
der vor einigen Jahren hier stattfand, sind die Kir=
chenbücher vernichtet."

„Allmächtiger Gott!" rief die Unglückliche und
ward bleich wie die Wand.

„Es ist ein Schicksal, welches Sie mit Vielen
theilt", entgegnete Pastor Knoop. „Warum hat Sie
ein so kostbares Document nicht sorgfältiger bewahrt?"

„Ich habe es nie gehabt. Mein Mann trug es
bei sich und als er plötzlich verschwand . . ."

„Er verschwand? Hier liegt also eine bösliche
Verlassung vor. Die Sünde greift immer weiter um
sich. Der Teufel geht umher wie ein brüllender Löwe
und suchet, wen er verschlinge. Er braucht nicht lange
zu suchen. Die liebe Christenheit ist nur allzu bereit,
in seinen Rachen hinab zu fahren."

„Nein, ehrwürdiger Herr, so ist es nicht", entgeg=
nete sie, sich ermannend. „Er hat mich nicht böslich
verlassen, er wurde mir gewaltsam geraubt."

„Menschenraub! In unseren Tagen?" entgegnete
der Pastor, die Stirn runzelnd. „Will Sie mir ein
Märchen aufheften?"

„Es ist leider eine nur allzu traurige Wahrheit!"
sprach Frau Rosmarin. „Ich sehe wohl, daß ich jeden
Umstand mittheilen muß, wenn ich verstanden sein will,
und bitte Euer Ehrwürden, mich in Gnaden anzuhören."

Der Pastor erwiderte hierauf Nichts und sie
fuhr fort:

„Mein Name ist Christine Ramke. Ich lebte bei
meinem Oheim, dem Großböttchermeister Lorenz Ramke.
Eines Tages begegnete ich einem jungen Manne. Er
hieß Eberhard Lohse, weil er aber schön war und
schwarze Ringellocken hatte, nannte man ihn allgemein
Dunkelschön."

„Was wird das?"

„Wir liebten uns, ehrwürdiger Herr, und begehr=
ten uns zu ehelichen; allein da meine Verwandten
niemals eingewilligt haben würden, von wegen des
Standes meines Geliebten . . . . ."

„Warum stockt Sie?"

„So entlief ich aus dem Hause meines Oheims und entfloh mit dem Geliebten, der mir den Namen Maienblüthe gab . . . ."

„Nicht weiter!" donnerte der Pastor die erschrockene Frau an. Ein Gewitter lagerte sich auf seiner Stirn. Eine Erinnerung früherer Tage tauchte vor ihm auf. Es war die Geschichte eines Amtsbruders, der seine Mußezeit damit vergeudete, weltliche Theaterstücke zu schreiben, und sich so sehr vergaß, mit den Comödianten in Verkehr zu treten und seine Spiele von ihnen aufführen zu lassen. Ihm war gesagt — und mit steigendem Ingrimm hatte er es vernommen — daß es dem Volke bekannt geworden, wer der Verfasser jener Comödie sei, worauf man dieselbe ausgetrommelt habe und der Verfasser schimpflich aus dem Theater habe flüchten müssen. Und hier zu Geesthacht — inmitten der Gemeinde — flüsterte man sich zu, wie die Comödianten es gewagt hätten, bis hierher zu kommen, in den Pfarrhof zu dringen und dem Pastor zuzusetzen, bis dieser wider alles göttliche und menschliche Recht sich herbeigelassen habe, zwei dieser Vagabonden zu trauen und ihrem freventlichen, sündhaften Beisammenleben das Siegel der Kirche aufzudrücken. Und Eine derselben stand nun vor ihm und verlangte von

ihm, daß er jenen Frevel auf's Neue bestätigen und
verbriefen sollte.

„Nicht weiter!" wiederholte er mit noch größe=
rer Strenge im Tone. „Hebet Euch weg. Befreit
dieses ehrbare Haus von Eurer verpestenden Nähe.
Ich kenne Euch nicht und weiß nichts von Eurer Ehe.
Die Kirchenbücher sind in Flammen aufgegangen. Ein
sichtbares Zeichen Eurer Verheirathung ist nicht vor=
handen. Euer Wort hat keine Gültigkeit! Euer Eid
keinen Glauben. Hebet Euch weg und kehrt nicht wie=
der hierher zurück, oder ich vertreibe Euch mit Ge=
walt und donnere der Flüche schwersten auf Euer sün=
denschweres Haupt herab."

Vor diesen furchtbaren Worten entsetzte sich die
Unglückliche und entfernte sich. Als sie die Dorfstraße
entlang schwankte, steckten die Weiber die Köpfe zusam=
men und sahen ihr neugierig nach. Als sie im
Freien anlangte, brachen ihre Kniee zusammen und sie
weinte bitterlich.

––––––––

Dem Herbste folgte der Winter. Er war lang
und schwer. Aber allgemach kam doch der Frühling
in das Land. Die Eisschollen krachten zusammen. Der
sanft herabrieselnde, warme Regen lösete sie vollends

auf und das Fahrwasser der Elbe wurde frei. Die
Segel fielen von den Raaen und die Schiffe steuerten
aus dem engen Hafen in die freie, offene See. An=
dere, welche durch den früh einfallenden Winter ver=
hindert gewesen waren, die Heimath zu erreichen, streb=
ten jetzt derselben zu und segelten mit Flagge und
Wimpel von der Gaffel und vom Topp in die Elbe hinein.
Unter diesen war auch die schmucke Kuff, genannt
„Brouw Margarethe“, commandirt von dem mann=
haften Schiffer Hans Kramer und in diesem Augen=
blicke gesteuert von seinem jungen Maaten, dem Rad=
jungen aus der Reeperbahn, Jan Blaufink.

Der Wind war schwach und füllte nur nothdürf=
tig die Segel. Die Fluth schob die Schiffe vor sich
her. Aber sie lief nur noch eine kurze Strecke. Es
war kurz vor Hochwasser. Die Ebbe hätten die Schiffe
nicht todt zu segeln vermocht, zumal oberhalb der
Bucht von Wedel der Wind sich hinter den Bergen
von Blankenese verkroch und völlig aufhörte. Die
Segel, außer Kraft gesetzt, klatschten gegen Stängen
und Mast; die Schiffe trieben über Steuer.

„Blixum!“ stieß Schiffer Hans Kramer heraus
und schob die Mütze von einem Ohr auf das andere.
„Blixum! Ich hatte gehofft, heute Abend bis an die

Stadt zu kommen und muß nun die ganze Ebbezeit überliegen. Fallen den Anker!"

Es war noch Jemand am Bord, dem diese Ver= zögerung eben so leid war, als dem Schiffer, wenn er es auch nicht laut aussprach, und das war Jan Blau= fink. Als die Arbeit gethan war und das Schiff ruhig vor seinem Anker lag, stützte er sich mit dem Arm auf den Reiling und sah sehnsüchtig nach der Richtung, wo Hamburg mit seinen stolzen Thürmen hinter den Bergen lag.

„Nun, Jantje! Wornach schaust Du aus?" fragte der Schiffer, ihm auf die Schulter klopfend. „Hängst den Kopf, weil wir nicht an die Stadt gekommen sind? Hast Heimweh? Das taugt nicht für ein junges Seemannsblut."

„Nein, Schiffer! Ich habe gerade kein Heimweh. Allein ich habe eine große Sehnsucht, die Mutter zu sehen und ihr zu sagen, wie es mir ging und wie herrlich es draußen auf dem blauen Wasser ist. Möchte ihr sagen, was ich gelernt habe und was ich noch lernen kann, wenn ich wieder mit Euch darf und ich bei Euch bleiben . . . . ."

„Nein, Jantje, das ist nicht angängig, mein Junge. Will mir das Glück wohl, bekomme ich bald

wieder eine neue Fracht und steuere den Weg zurück,
den wir eben kamen. Dann magst Du mich begleiten
und damit Hollah. Die Brouw Margarethe beküm=
mert sich um Dich nicht weiter."

„Was meint Ihr damit, Schiffer?"

„Damit meine ich, daß Du nicht am Bord eines
solchen Fahrzeuges versauern darfst, als dieses. Ein
Junge, der so tüchtig sein neues Handwerk angreifen
lernte, wie Du, muß andere Course steuern, als
von Hamburg nach Amsterdam, oder wenn es hoch
kommt, zur Veränderung einmal nach London. Dir
liegen weitere Bahnen offen, durch den stillen Ocean
und in die chinesische See, die ich nur von Hören=
sagen kenne."

Der wackere Hans Kramer sprach aus dem Herzen
heraus. Man fühlte, daß jedes Wort so gemeint
war, als es gesprochen wurde. Jan Blaufink fühlte
sich tief davon berührt und drückte dem Schiffer die
Hand. Dieser erwiederte den Druck und sagte:

„Während der Dauer unserer Reise, die länger
währte, als ich glaubte, habe ich nicht mit Dir davon
gesprochen. Ich ließ Dich gehen, schob nur mitunter
etwas nach und merkte im Stillen auf. Aber jetzt, wo
die Reise ein Ende hat, kann ich Dir sagen, daß ich

meine Freude daran hatte, Dich scharwerken zu sehen,
und wie Dir Alles flink von der Hand ging. Ich
schäme mich nicht, zu sagen, daß es Zeitverlust wäre,
wenn Du bei mir bliebst, denn Du kannst auf meinem
kleinen Schiffe nichts mehr lernen. Das bedenke und
handle darnach. Sage es Deiner Mutter, sie möge
sich darauf gefaßt machen, Dich längere Zeit zu ent-
behren, dann würde sie dafür die Freude haben, Dich
als einen tüchtigen Kerl wieder zu erhalten. Komm
in meine Kajüte, Jantje. Ehe wir die Koje suchen,
wollen wir ein Glas auf eine fröhliche Zukunft trinken. Und morgen segeln wir nach Hamburg.“

Die ersehnte Stunde kam. Das Schiff lag ver-
tau an den Pfählen. Die Segel waren befestigt und
das Deck geklart. Jakob Maifisch, der wackere Jollenführer, kam an Bord, um seine Ordres einzuholen.
Als er wieder an's Land fuhr, sprang Jan Blaufink
in seine Jolle.

Auf den Vorsetzen, neben den Treppen und den
Rad-Winden, die dort in bunter Reihe neben einander
liegen und stehen, befindet sich immer vieles gaffende
Volk, nach Arbeit suchend, oder nach einer mühevollen
Anstrengung sich eine Viertelstunde Erholung gönnend.
Hier hat das Auge stets vollauf zu thun. In den

Erdgeschossen sämmtlicher Häuser befinden sich Kauf=
läden, fast alle mit Waaren zum Schiffsbedarf verse=
hen, und mit dem freien Blick auf den Masten=Wald,
der dort beginnt und bis über Altona in drei = und
vierfacher Reihe sich ausdehnt.

Jollenführer, Quartiersleute, Matrosen, die eben
keine Heuer haben, und sonstiges Volk, das auf den
Vorsetzen umher lungert, schauen nicht blos in die Elbe,
um die Stunde todt zu schlagen, sondern sehen fleißig
umher, ob sie nicht etwas erspähen, das zum Lachen
ist, und womit man sich die Zeit vertreiben kann, oder
ob sich ein fetter Bissen findet, nach welchem es sich
lohnt, die Finger auszustrecken und den hungernden
Magen damit vollzustopfen.

Der Treppe gegenüber, wo vor des Segelmachers
Burmester Hausthür die große rothe Flagge mit den
drei weißen Thürmen weht, standen ein paar aufge=
schossene Bursche, zu alt, um noch den Winkeljungen
beigesellt zu werden, und nicht erwachsen genug, um
eine Stellung einzunehmen, welche sie einem besondern
Stande beizählte. Unter diesen waren Jan Bremer,
der sich auf einem sogenannten Tabakswinkel unterge=
bracht hatte, und Jan Thiemer, der zu einem Block=
dreher in die Lehre gegeben wurde. Sie trafen mit

17 *

Jan Lorenzen zusammen, der seinem Vater, einem
Schutenführerknecht, zur Hand gehen mußte, und dünk=
ten sich in diesen bescheidenen Lebensstellungen, auf der
ersten Stufe derjenigen Treppe angelangt, die gerades=
weges in die gesegneten Räume von Eldorado und
Golkonda führt. Sie trafen in aller Eile Verabre=
dungen für den nächsten freien Sonntag, wo sie ihre
Trinkgelder=Schillinge in einen Topf werfen und ein=
mal wieder recht den Teufel austreiben wollten, als
Jan Thiemer ausrief:

„Da kommt Jakob Maifisch mit seiner Jolle. Ich
glaube, an dieser Treppe ist sein Stand. Dem wollen
wir aus dem Wege gehen, denn er ist grob wie Kei=
ner und hat gleich eine Maulschelle zur Hand.“

„Heute nicht. Der Maifisch hat einen Goldfisch
gefangen. Dann ist er bei Laune.“

„Was meinst Du damit? In der Elbe schwimmen
keine Goldfische.“

„Aber auf derselben“, gab Jan Bremer zur Ant=
wort. „Wenn die Matrosen von einer Reise kommen
und der Jollenführer bringt sie an's Land, haben sie
einen Goldfisch am Bord. Und ein solcher steht eben
jetzt in des Jakob Maifisch seiner Jolle. Er schaut,
beide Hände in den Taschen, lustig in den Tag hin=

ein und denkt daran, was dieser ihm noch Alles brin=
gen kann.“

Jan Lorenzen, der bis jetzt nichts sagte, aber den
Matrosen in der Jolle genau beobachtet hatte, wandte
sich jetzt den Kameraden zu und sagte:

„Von dem Goldfisch, den Ihr meint, fallen höch=
stens ein paar silberne Flossen ab und dann müßt Ihr
ihn auch vorher erst derb schütteln. Kennt Ihr ihn
noch immer nicht?“

Die Andern schauten genauer hin und wie aus
e i n e m Munde erscholl es:

„Jan Blaufink! Willkommen binnen!“

„Dank, Jungens“, sagte dieser, der eben unten an
der Treppe anlangte und dieselbe in drei Sätzen hin=
aufsprang.

Unter den alten Kameraden, die sich lange nicht
gesehen, entstand ein Händeschütteln, ein Fragen und
Antworten, das durch keine Unterbrechung gestört
wurde, bis endlich Jan Blaufink sagte:

„Genug für dieses Mal. Ich muß zu meiner
Mutter. Sie denkt mit keiner Silbe daran, daß ich
ihr so nahe bin, und ich kann es gar nicht erwarten,
zu sehen, was sie für eine Freude haben wird, wenn
ich unversehends bei ihr eintrete. Was Ihr von dem

nächsten freien Sonntage gesagt habt, gefällt mir und
ich halte mit. Nun aber laßt mich durch, damit ich
dahin komme, wo ich schon längst hätte sein sollen."

„Wir gehen mit und bringen Dich bis vor die
Thür!" rief Jan Thiemer. „Nicht wahr, Jungens,
das gilt? Wir gehen Alle mit Jan Blaufink!"

„Das thun wir!" hieß es als Antwort, und an
der Spitze der ehemaligen Genossen schritt er mit
lachendem Gesichte die Vorsetzen entlang, während Jene
mit lauter Stimme riefen:

„Da kaam wi mit Jan Blaufink an!"

„Das Gott erbarme!" sagte Herr Elias Brammer, der vor der Thür seines Ladens stand und nach
Käufern umherspähte, die ihm seine Waare abnehmen
sollten. „Was ist das wieder für ein wüster Lärmen!
Lene, gehe hinein! Du brauchst Dich nicht immer von
den vorbeiziehenden, betrunkenen Matrosen angaffen
zu lassen."

„Die sind nicht betrunken, Vater!" antwortete
Lene. „Sie gehen ganz gerade und sind nur ein Bischen lustig. Lasse mich doch hier stehen. Ich habe
es gerne, wenn sie so fröhlich sind. Die thun Keinem etwas."

Frau Brammer war zu ihnen getreten, indem sie zu dem Manne sagte:

„Wahrscheinlich hat eben ein Schiffsvolk abgemustert und will sich einen heitern Tag machen."

„Gott erbarme sich!" erwiderte Elias Brammer, und wollte eines seiner gewöhnlichen Klagelieder anstimmen, als die Lene rief:

„Da ist er!"

„Wer?" fragte die Mutter, und Lene fuhr freudig erregt fort:

„Der lustige Junge vom heiligen drei Königstage her, der mir rechtschaffen beistand und der ein Seemann geworden ist. Er hat uns schon gesehen und winkt mir zu."

Elias Brammer hatte ihn auch bemerkt und konnte eine bittere Empfindung nicht unterdrücken, als er daran dachte, daß er der Erste war, der einen Stein auf den armen, unschuldigen Jungen warf. Es wandelte ihn etwas an wie Schaam, und er war eben im Begriff, sich in der Stille zurückzuziehen, als ihm Jemand auf die Schulter klopfte und er, indem er sich umdrehte, in das Gesicht seines Kunden, des Herrn Bohnenberg, schaute, der zu ihm sagte:

„Muß mich das Unglück treffen, daß mir ein sol-

cher Trupp entgegenkommt, da ich gerade wieder vor
Seiner Ladenthür stehe. Nehme Er es nicht übel,
aber ich will einen Augenblick bei Ihm eintreten. —
Ein Stuhl ist nicht nöthig, Frau Brammer. Man
reibt nur die Politur von den Stühlen, wenn man
sie so viel hin und her trägt. Nicht wahr, Herr
Brammer?"

Aber dieser mußte die erwartete Antwort schuldig
bleiben, denn die helle Stimme des jungen Matrosen
rief ihm zu:

„Guten Tag, Herr Brammer. Wie Er sieht, ist
es mir gut gegangen und Er gönnt es mir hoffent=
lich, wenn ich auch nicht sagen kann, Gott vergelte es,
da Er nichts dazu beigetragen hat."

Elias Brammer brummte etwas vor sich hin und
Jan Blaufink fuhr fort:

„Ich hatte es schon ganz vergessen, was zwischen
uns vorgefallen ist; aber nun ich mit einem Male
vor Ihm stehe, ohne vorher daran gedacht zu haben,
steigt es in mir mit solcher Gewalt auf, daß ich es
nicht unterdrücken kann, und ich muß es von dem
Herzen herunter haben."

Frau Brammer sah mit Schrecken eine Scene sich
vorbereiten, welche sie nicht zu verhindern wußte, und

mit einer Anwandlung von Furcht das schadenfrohe
Lächeln bemerkte, das um die Lippen des Herrn Boh=
nenberg spielte, der nicht nur der Kunde, sondern auch
der Gläubiger ihres Mannes war. Aber die Lene
in kindlicher Herzlichkeit und nicht ahnend, welcher
Mißton zwischen dem Vater und dem jungen Freunde
herrschte, der sich ihrer ritterlich annahm, reichte die=
sem die Hand und sagte:

„Guten Tag, Jan Blaufink. Wenn die Schiffs=
capitaine zu uns in den Laden kommen, sagt der Vater
zu ihnen: Willkommen binnen, und das sage ich auch
zu Dir! Du hast ein recht braunes Gesicht bekom=
men und gewachsen bist Du auch.“

„Und Du noch mehr“, entgegnete Jan Blaufink.
„Da getraue ich es mir nicht mehr, so zu sprechen,
wie sonst. Wie geht es Ihr denn, Jungfer Brammer
und ist Sie auch immer hübsch gesund gewesen?“

„Wie das närrisch klingt!“ sagte Lene zu der
Mutter. „Muß ich nun auch zu ihm Herr Jan Blau=
fink sagen?“

Frau Brammer legte sich in's Mittel, indem sie
den jungen Seemann freundlich willkommen hieß, und
ihn einlud, wenn es seine Zeit erlaube, einmal bei ihr
vorzusprechen. Lene stimmte fröhlich mit ein und

versprach, ihm auch für seine Mutter ein Geschenk mitzugeben.

Jan konnte sich der innigsten Rührung nicht erwehren, und indem er mit der Hand über die Augen fuhr, sagte er zu Elias Brammer:

„Das Bittere ist hinunter geschluckt. Der liebe Herrgott hat gegeben, daß das Schlimme, womit ich bedroht wurde, zum Guten ausschlug. Hoffe, daß damit unsere Rechnung abgemacht ist und ich trage es Ihm nicht weiter nach. Vorwärts, Jungens!"

Der Trupp zog weiter. Herr Elias Brammer würgte den Aerger herunter, so gut es ging und Herr Bohnenberg sagte, indem er ihm wieder auf die Schultern tippte:

„Wenn ein seßhafter Mann solche Verweise auf offner Straße von einem Matrosenkerl erhält, leidet die Reputation darunter und das schadet dem Geschäft. Ich bemerke Ihm das, weil ich nicht nur Sein Kunde bin, sondern auch ein Stück Geld in Seiner Handlung stecken habe. Er braucht sich nicht so ängstlich umzusehen. Frau und Tochter sind schon längst hineingegangen. Gesegnete Mahlzeit, Herr Brammer."

———

„Wer poltert denn da schon wieder die Treppe

hinauf?" sagte verdrießlich Jungfer Mewes und öffnete die Thür. „Hollah, Heda! Wer ist es?"

„Ich!" rief Jan Blaufink, indem er sich auf die letzte Stufe schwang und neben der zankenden Jungfer stand. „Ich bin's, Jan Blaufink! Mutter! Wo bist Du?"

„Mein Sohn! Mein Sohn!" rief Frau Rosmarin und eilte ihm entgegen.

Sie hielten sich innig umschlossen.

„Mein Kommen hat nicht die Wolke verjagen können, die auf Deiner Stirn lagert," sagte nach einer Pause der Sohn. „Was drückt Dich?"

„Zwischen uns soll kein Geheimniß sein!" entgegnete Frau Rosmarin und erzählte dem Sohne, mit welchen Hoffnungen sie die Wanderung nach dem Dorfe Geesthacht angetreten und mit welchem kummervollen Herzen sie von demselben geschieden sei.

„Lasse den Namen des Vaters ruhen, wie er selbst vielleicht schon längst in kühler Erde, oder auf dem Grunde des Meeres ruht. Ich habe mir selbst einen Namen geschaffen, den ich mit Gottes Hülfe zu Ehren bringen will und mein Gewissen sagt mir, daß ich schon einen gesegneten Anfang damit machte. Vielleicht ist mir nur kurze Zeit zu bleiben vergönnt.

Wir wollen sie mitsammen in Frieden und Freuden hinbringen und glücklich sein."

„Das wollen wir", sprach die Mutter. „Vergessen sei die Vergangenheit mit allen ihren Leiden. Du bist meine Zukunft; auf Dich will ich schauen und glücklich sein."